はじめての

花の寄せ植え

はじめての花の寄せ植え——目次

はじめに

思い思いの植物を1つのコンテナに植え込んで楽しむ寄せ植えは、
玄関先やベランダなど小さなスペースでも楽しめるガーデニングとしてすっかり定着しました。
この本では、寄せ植えの基本を、準備から植物の組み合わせ方、植え込み方、
でき上がったあとの手入れ、花が終わったあとの処理まで
順を追って6つのステップで解説しています。
寄せ植えはもちろんガーデニングもはじめてというかたでもうまくできるよう、
各パートで紹介した作品例は、入手しやすく、育てやすい植物を使い、
失敗の少ない組み合わせの寄せ植えを選んであります。
何個か作ってみたけれどなかなかうまく咲きそろわないとか
いまひとつおしゃれにできないと悩んでいるかたにもきっとお役に立つはずです。
寄せ植え作りは、生きている植物が相手です。
必ずこうしなければならないという決まりはないし、
逆に、こうすれば絶対失敗しないという秘訣もありません。
基本さえマスターすれば、あとはあなたの好みや工夫しだい。
試行錯誤するのもまた寄せ植え作りの楽しみのひとつ。
まずは、お気に入りの1鉢から始めてみましょう。

主役はおなじみの花をひとつか2つ。シンプルな組み合わせで季節を彩る寄せ植えを

制作・アドバイス／丸山美夏　撮影／早川利道（主婦の友社写真室）、森田裕子　まとめ／森田裕子
撮影協力／ロイヤルハウジングOKISHIMA、白洋舎「もてなしの庭」（成城住宅公園）

おなじみの花をごくシンプルに組み合わせるだけで、こんなにすてきな寄せ植えが楽しめます。四季折々の花を使って季節を彩る一鉢を作ってみましょう。

春 パンジー、ビオラさえあれば、こんなに違った表情が楽しめる

すみれ色の同系色で甘さを抑えて

冬から春に長く咲く花といえば、やはりパンジー&ビオラ。こまめに花がらを摘んでじょうずに栽培すれば、4～5カ月は楽しめます。日の当たる方

パンジーとデージーは花弁が白いだけではなく、ともに花の中心が黄色の品種を選んで。こうしたこまかい部分にこだわることでぐんとセンスアップします。
＊デージー、ビオラ、スイートアリッサム

Spring

ライラックからすみれ色のグラデーションがきれいなビオラたち。ダークカラーで落ち着いた印象のコンテナと組み合わせればこんなシックな寄せ植えに。
✽ビオラ、ペニーロイヤルミント、ハーブゼラニウム

ツートンカラーでにぎやかに

花弁が2色のビオラは、1種類だけでもにぎやか。ビオラの花色にある色でパンジーを合わせれば統一感も生まれます。
✽ビオラ、パンジー（バスケット制作・宇田川佳子）

どっしりとした器には同系の暖色を

少しくどい印象になりかねない個性的なテラコッタの器には、同系色のオレンジを基調に。暖色でもちょっとスモーキーな花色が器とちょうどよいバランスです。
✽パンジー、ビオラ、プリムラ、スイートアリッサム、パインミント

向を向いて咲くので、正面から見るとどの顔もこちらを向いてくれるのも愛らしい！　花色や形が豊富で、色の組み合わせだけでも無限大。とり合わせに迷ったときは、色数を抑えるとすっきりと上品に仕上がります。

初夏

長く次々と咲く花を合わせて。初夏から秋までOKのロングバージョン

花期の長い植物を合わせると初夏から秋まで楽しめます。ただし夏の間にぐんぐんボリュームが増すので、そのまま育てているとバランスがくずれて生長が悪くなってしまいます。8月中旬を過ぎて「暑さで元気がなくなってきたな」と思うころに全体の2/3を剪定します。このとき、切りそろえるのではなく、切り詰めながら込み入った部分の枝をランダムにすくとナチュラルな雰囲気に。

優しげなクリーム色の花には空色のボウルを合わせて

夏のハンギングバスケットは、涼しげなコランダー（料理用のボウル）を用いて。暑さで蒸れやすい時期だけれど、ハンギングバスケットならその心配もなし。
＊ペチュニア、リシマキア・ヌンムラリア'オーレア'、斑入りヤマホロシ

ジニア・リネアリスは暑さに負けない元気印

初夏に小さな苗を植え込んでかわいらしく作った寄せ植え。8月には花茎をランダムに切り詰めて、秋まで楽しみました。
＊ジニア・リネアリス、コリウス、ハロラゲス

Early Summer

ピンク色の濃淡で上品なかわいらしさに

花の大きなペチュニアはそれだけで個性的ですが、淡い花色なら寄せ植えの中でも目立ちすぎません。合わせる花は、同じ色の系統で色の濃いものを選んで。

✽ ペチュニア、ニコチアナ、アジュガ

初夏〜夏

シンプルだからこそ、花や葉の姿を生かす組み合わせを工夫して

ピンクの花を合わせた寄せ植えは、玄関先で訪れる人を優しく迎えます。玄関に置く鉢は、ドアのあけ閉めにじゃまにならないように、縦方向に伸びる植物を選んで。

✽ニチニチソウ、センニチコウ、カラミンサ

カラミンサの曲線が表情をプラス

庭に涼を運んでくれる和風の植物を合わせて

トレニアは「夏すみれ」の和名をもつ愛らしい花。和名がついている植物は比較的古くから日本で育てられていて、初心者にも育てやすいものがほとんど。すっきりした印象の和風の植物でまとめると涼しげな風情に。

✽トレニア、斑入りオレガノ、斑入りリュウノヒゲ

風に揺れる植物は、涼やかさと軽さをプラスしてくれます。苗を購入するときはがっしりとしたよい株を選ぶのが基本ですが、茎がまっすぐに伸びているものばかりではなく、ちょっと曲がって伸びた苗を選ぶのがおすすめです。そういった「あばれて」いる株を植えつけると、葉や茎が隣の株と混ざり合ってまとまり感が生まれ、のびのび生長したイメージになります。

Early Summer
Summer

元気をつれてくる黄色の寄せ植え

黄色のコンテナに合わせて、ニチニチソウも黄色の目のものを。寄せ植えにハーブを入れると、花がら摘みなどの手入れのたびにさわやかな香りも楽しめます。

✽ メランポジウム、アガスターシャ、ニチニチソウ

夏

夏の日ざしを浴びて元気よく咲く花で。淡い色を選ぶと、軽やかで涼しげ

紫のペチュニアでシックな華やかさを

個性的な花色のペチュニアは、合わせる花に迷いがち。ペチュニアの花に入っている濃い紫の筋と同じ色のサルビアを合わせたら、しっくりとなじんでゴージャスでも落ち着いたイメージに。

✻ ペチュニア、サルビア、プレクトランサス

夏は植物の生長が速いので、すぐに株が大きく茂ってきます。コンテナは、深くて大きなものを選ぶとよいでしょう。小さめの器を選んだときには、植えつけから2〜3カ月たったころに切り戻すか、植えかえを。寄せ植えを作るときには、組み合わせのかわいらしさを考えることはもちろんですが、その季節に植物がどんなスピードで生長するのかをあらかじめ考えておくことも大切です。

Summer

淡い黄色で地中海を吹き抜ける風をイメージ

粉が吹いたような白っぽいコンテナはギリシャ製で、乾いたイメージ。コンテナに合わせて、淡い黄色のガイラルディアや黄色のブロッチ入りのトレニアなど花の色数を絞って。

＊ガイラルディア、トレニア、花オレガノ

ぴょこんと顔を出したセンニチコウがキュート

茎がすっと伸びて咲く花は、草丈が低い花と組み合わせると動きが出てキュートな印象に。実は10ページの寄せ植えとほぼ同じ花材を使っています。合わせる花と鉢をかえるだけでこんなにイメージが変わります。

＊センニチコウ'ストロベリーフィールド'、ニチニチソウ

秋
オレンジ、赤、エンジ……
オータムカラーでちょっとシックな大人顔

渋めの器で和風にしたら秋の表情

コリウスは秋の風情を手軽に演出できるうえ、安価なのもうれしい。このごろはいろいろな葉色の品種が出回っています。個性的な和風の器を合わせてどっしりとしたイメージに。

✽コリウス、ジニア‘プロフュージョン’、ワイヤープランツ

ミスマッチがマッチ。組み合わせの妙

ふわふわの銀葉に、漆黒のシャープな葉、真っ赤な花……と、ちょっと考えるとミスマッチな組み合わせが、不安定な形のコンテナの中で不思議とマッチ。

✽ペンタス、コクリュウ、アサギリソウ

Autumn

風になびくコスモスが秋風を運んで

玄関に置くコンテナは、上の位置から見ることが多いもの。目線の近くに花がくるよう、背が高い器を選んで。秋の草原をイメージして、風になびく植物を合わせてナチュラルに。

✽コスモス、センニチコウ、ヘミグラフィス'アルテルナタ'

秋の寄せ植えは楽しめるシーズンが短いのですが、だからといって夏と冬の間の「お休み期間」にしてしまうのは残念。夏から楽しんでいる寄せ植えに秋らしい色の植物をプラスするだけでも、季節の風情が楽しめます。エンジや赤、オレンジなど暖色系のコリウス、実トウガラシなどは秋のお役立ち植物。秋のために寄せ植えを作るのもよいけれど、夏の寄せ植えをリサイクルするのもおすすめです。

ぽてっとした質感を合わせて

マンネングサとも呼ばれるセダム。紅葉が美しいものが多く、肉厚であたたかい印象です。ポットマムのまん丸で、ぽてっとしたイメージと質感がぴったり。
✽ポットマム、セダム

冬～早春

寒さに負けず咲く可憐な花で、待ち遠しい春を先取り！

Winter
Early Spring

冬じゅう元気に咲くシクラメンをメインに

深紅のシクラメンは、ヒイラギと合わせるとクリスマスイメージが強いのですが、斑入りのヒイラギを選ぶとモダンな雰囲気に。ガーデンシクラメンなら戸外でも楽しめます。

✻ガーデンシクラメン、メラルーカ、リシマキア・ヌンムラリア'オーレア'、ヒメヒイラギ

白のシクラメンに和風の下草と鉢を合わせてすっきりと。シックなイメージで洋風の部屋にもよくなじみます。
✻ガーデンシクラメン、アジュガ、斑入りリュウノヒゲ

春を告げる花たちで庭を明るく

プリムラの名前は「最初の」を意味するラテン語から。白と黄色のコントラストがはっきりした色を合わせ、春を真っ先に感じられる寄せ植えに。

✻プリムラ・ジュリアン、プリムラ・マラコイデス、パンジー、スイートアリッサム、ゴールデンタイム、パインミント

寒風や霜柱の害など、冬のガーデンは心配事がいっぱい。コンテナを軒下の日だまりなどに置いて楽しみたいものです。花の少ない時期ですが、常緑のグリーンなどと合わせて変化をつけて。

Lesson 1

寄せ植えを作る前に

何を準備すればいいの?

寄せ植え作りに必要なものは苗とコンテナ、土の3点セット。
まず、園芸店での商品の選び方のポイントを紹介します。

苗コーナーで選ぶ

寄せ植え作りの第一歩は植物選びです。ただ好きな花を集めるだけでは、デザインにまとまりがなくなったり、うまく咲きそろわなかったりすることも。ここでは、きれいに咲いた寄せ植えを長く楽しむための苗選びのコツを紹介します。

チェックポイント1 CHECK POINT! 置き場に合った苗選び

環境の好みが同じもので組み合わせ

寄せ植えを作るとき、どうしても花色や姿など、デザインから植物を選びがちですが、その前にチェックしておかねばならないのが、その寄せ植えをどこに飾るのかということです。

日当たりを好むものとそうでないもの、乾燥を好むものとそうでないものなど、植物によって元気に育つために必要な条件が異なります。寄せ植えをきれいに咲きそろわせるためには、飾り場所の環境を好む植

日当たりが好きな植物を組み合わせて。日ざしをいっぱい浴びて鉢からこぼれんばかりに咲いた寄せ植えは、シンプルでも豪華に。
✽パンジー、シロタエギク

物を組み合わせることが大切です。特に、北向きの玄関などは、あまり日が当たらなくても楽しめる植物を選ぶ必要があります。また、こまめな水やりが必要なものと乾きぎみの土を好むものを組み合わせるのもうまく育たないので注意を。

暗い印象になりがちな北側のコーナーには、数鉢の寄せ植えを高低差をつけて配置。シンプルなデザインでも、数を並べると華やぎが。
✽グレコマ、インパチエンス、ヘリクリサム・ペティオラレ、アレナリア

日当たりのよくない場所ならこんな組み合わせで。やわらかな日ざしに、シダの緑を背景にして白花が映える。
✽四季咲きベゴニア、タマシダ

苗選びでのポイント

ここがPOINT!

害虫がついた苗、病気の苗は避けます。丈夫で元気に育ち、たくさん花を咲かせる苗を見分けるポイントはここ！

×

根詰まりしていない苗を選ぶ。ビニールポットの底穴から根がはみ出しているものは×。苗がぐらぐらと動くものは根張りが悪いので、これも×。

○

がっしりとした葉色の濃い苗が○。葉と葉の間が詰まっているものがよい。ひょろひょろと頼りない苗や、花や葉が傷んでいる苗は×。

チェックポイント2 CHECK POINT!

高・中・低で組み合わせればOK！

寄せ植えをセンスよく仕上げるには、いくつかポイントがあります。そのひとつが草丈です。どんぐりの背比べでは、どの花も引き立ちませんし、背の低い草花がのっぽの草花の陰に隠れてしまうのもよくありません。高・中・低と草丈の違うものをうまく組み合わせるのが基本です。

草丈の組み合わせ

高さの違う植物をうまく組み合わせるには、いくつかのパターンがありますが、ビギナーでも失敗のないのが、ここで紹介したピラミッド形と花壇型です。同じ花材で2種の寄せ植えを作ってみたら、はっきりと特徴があらわれました。どちらのパターンにするかは、寄せ植えを置きたい場所に合わせて決めるとよいでしょう。

庭の中央に飾るのにぴったりのピラミッド形。直線的に伸びる花で高さを強調し、ボリューム感のある花で下方をかためて安定感を演出。

［ピラミッド形］

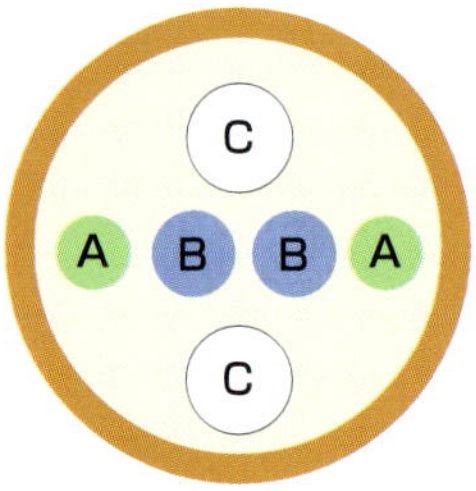

A ヘデラ
B サルビア・ファリナセア
C 四季咲きベゴニア

広々とした場所に置いたテーブルの上など、前後左右どの角度から見ても楽しめることを意識したデザインです。鉢の中央にいちばん草丈の高い植物を配置し、その周囲をとり囲むように中くらいの草丈のものを植え、鉢縁には低いものを植えます。

特に正面を設定せず、富士山のようにどこから見ても高・中・低のラインが美しく見えるように心がけて。植え込むときに鉢を回して全体のラインを確認しながら、苗の置き方を決めていくと、うまくいきます。

［花壇型］

塀や壁ぎわなど、鉢を見る方向が一方向と決まった置き場で使うレイアウトです。鉢の正面が決まっているので、正面の手前から奥に向かって、草丈の低い順に配置していき、花壇のように植え込みます。いちばん草丈の高い種類が奥の背景になります。奥から手前に向かって、全体に流れるようなシルエットを作りましょう。

左が正面。右の奥に向かって草丈が高くなっている。背の高いサルビアがアクセントになっているが、線の細い花なので、庭の草花ともとけ合っている。

［後ろから見ると］

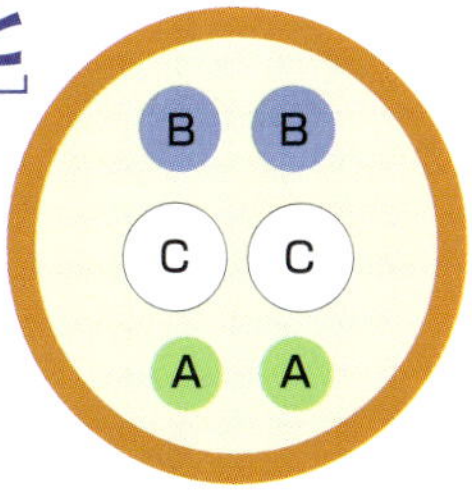

A　ヘデラ
B　サルビア・ファリナセア
C　四季咲きベゴニア

赤系でまとめたシンプルな寄せ植え。微妙な赤の深みや濃淡と、草丈の違いでリズミカルな表情が生まれる。
✻ケイトウ、インパチエンス、ヘデラ、プレクトランサス

チェックポイント3 CHECK POINT! 配色プランを考えて

寄せ植えのイメージを決定づけるもうひとつのポイントがカラーコーディネートです。好みの色を主役に、はじめは2～3色使いですっきりと。いくつか作って慣れてきたら色数をふやして冒険を。さらに葉色にも配慮できるようになれば、初級は卒業です。

まずは、同系色を組み合わせるとうまくまとまる

寄せ植えする植物を組み合わせるとき、花色から考えると、イメージが具体的になります。同系色、反対色などいろいろな配色がありますが、なんといっても、ビギナーがまとめやすいのは同系色の組み合わせです。

紫～ピンク系、青系統の寒色系など、同じような色の濃淡を集めれば、数種類の植物を使っても見た目がくどくならず、すっきりと品よくまとまります。同じような姿の花を集めてもよいのですが、花色で統一感を出した分、花形や草姿の違う植物を合わせると、かえってアクセントができ、表情豊かな寄せ植えに。好みの色を選んで、トライしてみましょう。

紫系の寒色でまとめて。存在感のある濃い紫をセンターに置いて、淡い紫が高く揺らいで動きのある寄せ植えに。

✽パンジー、ビオラ、ムスカリ

ほかにもこんな配色が

ピンク系の濃淡。コスモス、スプレーギク、ブラキカムなどを組み合わせて。

ここがPOINT!

チューリップ、クリスマスローズ、パンジーなど褐色系でシックに。

オレンジ～黄色系でまとめた一鉢。白花を加えてバランスのよい仕上がりに。白は同系色のまとまりをさらに引き立ててくれる便利色。

✽ルドベキア、ジニア

チェックポイント3 CHECK POINT!

配色プランを考えて

反対色の組み合わせ

明るいグリーンのコニファーを中心に、パンジーとビオラの反対色の組み合わせでパキッとした仕上がりに。
＊コニファー、パンジー、ビオラ

同系色はソフトイメージに仕上がりますが、もっと存在感の強い印象にしたいときは、反対色の組み合わせがおすすめです。

黄色に紫色、赤に緑というように、三原色がグラデーションで変化していく色の円盤を考えたとき、正反対の向かい合った位置にくる色のとり合わせが反対色。メインの色を決めたら、その反対色を少しだけアクセントに使うと、まとまりのよい寄せ植えになります。

反対色の組み合わせ

グリーン系をメインにしたら、赤系の花をアクセントに散らしてみて。

紫色をメインカラーに、反対色の黄色をアクセントに使って。

Lesson 1

白を混ぜて清涼感を

白は困ったときのお助けカラーです。白は、赤、黄、紫などどんな色ともよく合いますから、複数の色を使ってまとまりがつかないとき、白花や白の入った葉をプラスすると不思議にしっくり。白の分量が多いほど、さわやかな寄せ植えになります。

純白の花に、赤紫色と紫色のペチュニアの白い縁取り。それだけでは、やや重たい印象になりがちな赤紫系も、白を添えるとすっきり軽やかに。

✻ペチュニア、ヘリクリサム・ペティオラレ、ロベリア、セネシオ・レウコスタキス

遠目に見る寄せ植えは鮮やかな配色が効果的

2階の窓辺などに飾るなら、鮮やかな色をとり合わせたほうが遠目から見る人の印象に残ります。赤や黄色など少しどぎついかもと思うくらいで大丈夫。それぞれの色のかたまりをやや大きめにし、ざっくりと配置してみましょう。

ヴィヴィッドでにぎやかな配色だけれど、遠目にはしっくり。

白を混ぜてさわやかに

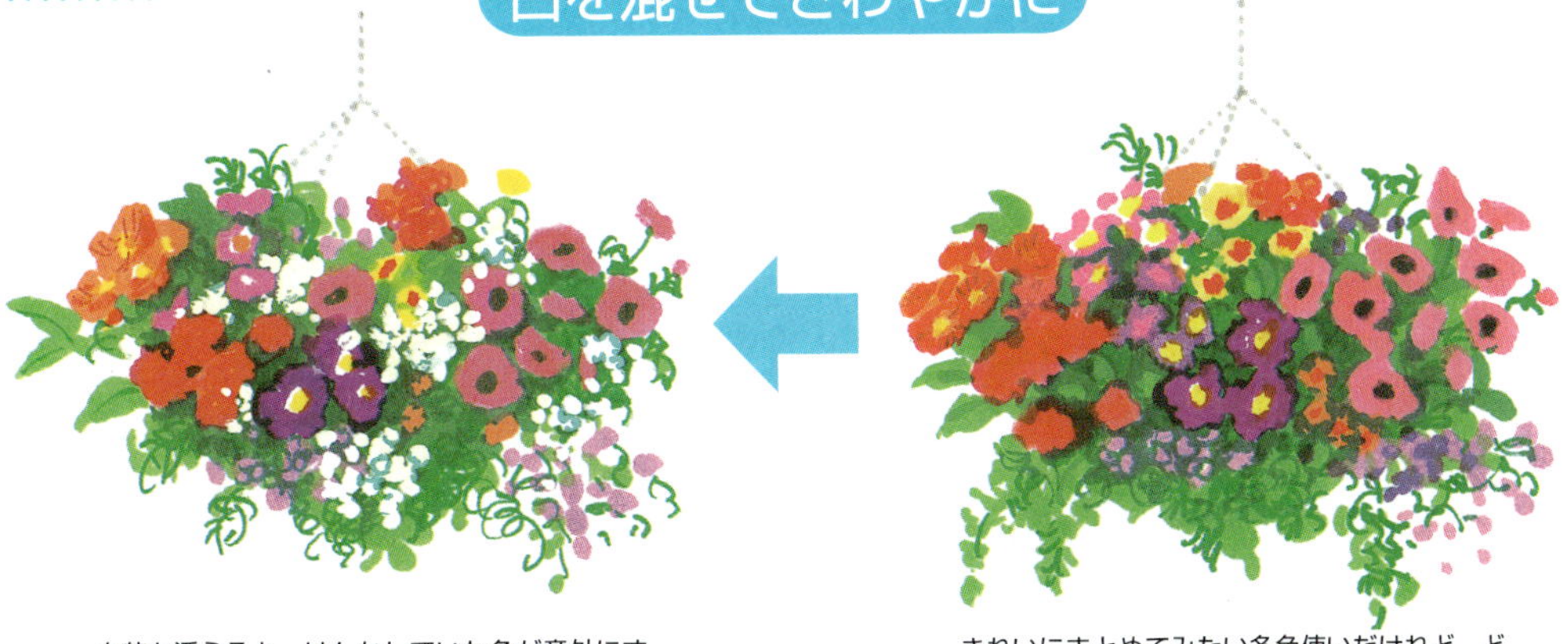

きれいにまとめてみたい多色使いだけれど、どうしても散漫な印象になりがち。

白花を添えると、けんかしていた色が意外にすんなりまとまる。

チェックポイント4 CHECK POINT!

葉もので変化をつける

中心から外へ、放射状のラインを意識した寄せ植え。奔放に伸びるヘリクリサムやヘデラが寄せ植えに広がりを感じさせてくれる。
✽ゼラニウム、シロタエギク、シクラメン、ペチュニア、ヘリクリサム・ペティオラレ、ヘデラ

寄せ植えを作るとき、花の色や形だけでなく、葉も大きな構成要素です。主に葉を観賞する植物を葉ものといい、最近はさまざまな種類が出回るようになりました。カラフルな花色をまとめたり、葉色や繊細なシルエットを生かしたり、葉ものをうまく使いこなせば、寄せ植えにさまざまなニュアンスをプラスできます。

ラインを作る

寄せ植えに葉ものをとり入れるときに、ビギナーにもおすすめなのが、パンジーやインパチエンスなどこんもり茂るタイプの草花に、ヘデラやヘリクリサムなど茎が長く伸びる葉ものをプラスする方法です。グリーンが花色を引き立て、さらに、茎のラインが寄せ植え全体のシルエットに動きを与え、アクセントをつけてくれます。

ひと口に葉ものでラインを作るといっても、植物の種類によってさまざまなラインを描くことができます。まっすぐ上に伸びるもの、放射状になるもの、しなやかに垂れ下がるもの、奔放に広がるものなど。こうした植物の姿を生かして、シャープさや優しさ、軽やかさなど、さまざまな表情を楽しんでみましょう。葉ものラインが生かせるようになれば、寄せ植え作りの幅が広がるはずです。

個性的な葉色を組み合わせる

草花の緑は、濃淡も質感も、植物の種類によってとても微妙な違いがあります。最近は、シルバー系、明るいライム色のほか、シックな赤系の銅葉と呼ばれるものや、ピンクやクリーム色の斑模様入りなど、これもグリーンと呼んでいいのかと迷うような色合いの葉ものもたくさん出回るようになりました。

こうした個性派のグリーンもぜひ寄せ植えにとり入れてみましょう。ワンポイントでアクセントとして使ってもよいですし、花の引き立て役というよりも葉色そのものを楽しむつもりでアレンジすると、シックで個性的な寄せ植えになります。

葉ものは花にくらべて観賞期間が長いものが多く、葉ものだけで一鉢にまとめると、長期間楽しめる寄せ植えができます。

ピンクとクリーム色にほんのり色づいたソフトな印象のグリーンが、鉢全体をやわらかくまとめている。
✽キバナコスモス、イポメア

色彩豊かな葉ものだけをとり合わせた寄せ植え。鉢を何個か並べると、葉ものだけでも華やかなコーナーに。
✽イポメア、コリウス、セトクレアセア

チェックポイント5 CHECK POINT!

草花に球根植物を組み合わせる

球根植物は、植えてから花が咲くまでに時間がかかりますが、それまでの間、ワクワクしながら開花を待つ楽しみがあります。長く咲き続ける草花と寄せ植えにすれば、作ってすぐから飾れますし、球根植物が咲くころにはさらに華やかな寄せ植えが楽しめます。

開花を待つ楽しさを味わって

球根植物は、鉢に植えつける時点では、花もつぼみもないし芽も出ていません。草花と寄せ植えするときには、芽が出て、葉が茂ったときの様子、花が咲いたときの様子を想像しながら組み合わせを考えることが大切です。

球根植物が咲いたときがクライマックスと考えて、合わせる草花は、球根植物

チューリップの球根を入れた寄せ植え。奥に植えたチューリップが咲くまでは、トレリスが背景になって、手前の草花を引き立てる。

チューリップが咲きそろって華やかなコンテナに。チューリップはふつう、球根2～3個分の間隔で植えるが、鉢植えのときは、指1本分程度の間隔で大丈夫。

＊チューリップ、パンジー、ビオラ、スイートアリッサム

と同時期に咲いていてくれるものを選びます。寄せ植えを作ったときに花がないとさみしいと思うなら、パンジーなど植え込んだときから長期間咲き続ける、花期の長い草花を選ぶとよいでしょう。

株が育ったときに窮屈な感じを与えないよう、球根周囲のスペースに少しゆとりをもたせて植えつけを。

スイセンの周囲にパンジーを植えて。黄色と紫のコントラストが春らしい一鉢。パンジーは冬から咲きだし、スイセンが終わったあとまで咲き続ける。
＊パンジー、スイセン

球根植物のカラーをメインに。背が高くなるので、いちばん奥に植え、草丈の低い草花を手前に配置して。
＊カラー、クリサンセマム・パルドサム、パンジー

ムスカリにビオラをとり合わせて。高さを低めに抑えてあるので、吊り鉢でも楽しめる。細く伸びたムスカリの葉がアクセントに。
＊ビオラ、ムスカリ

球根を植える深さ

球根を植える深さは植物の種類によって違いがあり、最適の深さに植えないと芽が出ません。寄せ植えを作るときは、球根の芽が伸び出ていく場所に、ほかの草花の根鉢がおおいかぶさらない位置に植えることが大切です。

2種類以上の大きな球根を植えるには

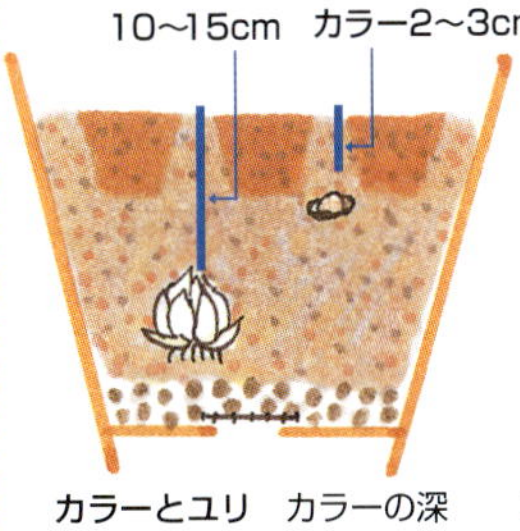

カラーとユリ　カラーの深さは2～3cm。どちらも球根が大きく、株も大きくなるので、深めの大きな容器で互いの株間を広くとる。

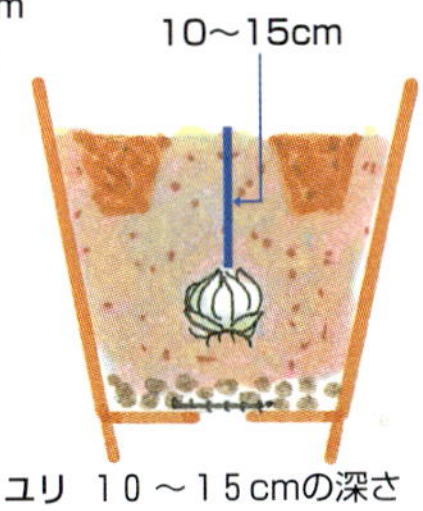

ユリ　10～15cmの深さに植える。草花と寄せ植えにするときは、大きく育つユリを主役としてセンターに植えるとよい。

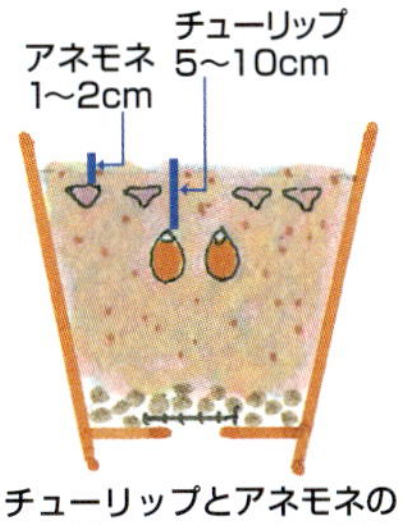

チューリップとアネモネの2段植え　アネモネの深さは1～2cm。チューリップの芽が出る場所をふさがないようアネモネを植える。

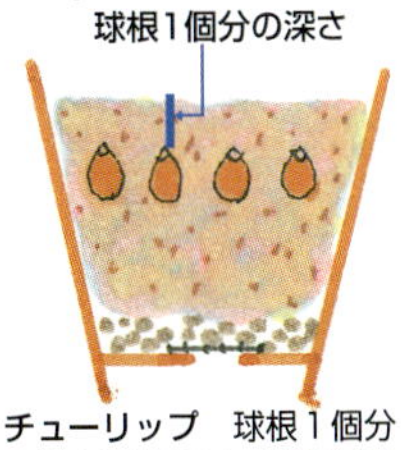

チューリップ　球根1個分の深さに植える。球根どうしの間隔を指1本くらいにすると、花束のようにまとまって咲く。

チェックポイント6 CHECK POINT!

樹木と草花を組み合わせて

草花の寄せ植えに慣れてきたら、樹木をとり入れてみましょう。樹木をメインにし、足元には季節季節の草花を植えれば、ボリューム感のある寄せ植えが手軽に作れます。一鉢だけで存在感もたっぷりなので、庭の主役に最適です。落葉樹を選べば、芽吹き、新緑、紅葉など季節の移ろいを楽しむことができます。

樹木を主役に

最近は、園芸店などでも鉢植えで育てられる樹木の苗木が多く出回るようになりました。樹木は草花より姿が大きく目立つので、寄せ植えの主役に。草花は、樹木の足元を彩ることで主役を引き立てる脇役と考えると、うまくまとまります。

樹木には一年中緑のものと、冬には葉を落とすもの、つる性のものなどがあります。常緑の種類は観葉植物の延長と考えることもでき、つる性の植物は、トレリスなどに這わせて、花の背景に使えます。それぞれの特性を生かした使い方を工夫してみましょう。同じ樹種でも姿は一本一本違うので、苗木を選ぶときは枝ぶりなどを四方からチェックすることが大切です。

立ち姿が優美なジャカランダに、観葉植物を組み合わせて。夏場は戸外でも楽しめるが、秋になったら室内に。

✽ジャカランダ、クロトン、シェフレラ、クロッサンドラ、アメリカンブルー、イポメア、プレクトランサス、ランタナ、ヘミグラフィス

斑入り葉のサンゴミズキを主役に。樹木の葉色が淡く涼しげなので、足元をカラフルに。足元の花は季節ごとに植えかえを。

✽サンゴミズキ、ヤマアジサイ、ペチュニア、シモツケ

花も実も紅葉も楽しもう

ブルーベリーを使って。1鉢で実がなるように、品種の違う苗木を2本植えてある。実の色を意識して、赤紫系の草花を足元に。

＊ブルーベリー、トレニア／トレニア、ヘリクリサム・ペティオラレ

4月下旬に咲いたブルーベリーの花。釣り鐘のような花形が可憐。

色づき始めたブルーベリーの実。6月下旬には結実する。

落葉樹は春先の新芽や若葉の色づきはもちろん、秋の紅葉も楽しみ。野山の錦秋を思わせるように、足元も色とりどりにかためて。

＊ブルーベリー、サガギク、スプレーギク、コギク、ノコンギク、ハツユキカズラ

多くの樹木は、ある程度年数がたたないと開花も結実もしませんが、オリーブやブルーベリーなどは若木のうちから花が咲き、実もなります。こうした樹木なら鉢で育てる寄せ植えにうってつけ。季節ごとの表情を楽しんでみましょう。

ただし、1本だけでは実がならないものや、実をつけるためには温度や、虫媒花・風媒花などの受粉の条件が必要なものもあります。図鑑で調べたり、園芸店で確認してから購入を。

コンテナコーナーで選ぶ

苗選びももちろんですが、コンテナ選びも寄せ植え作りのもうひとつの楽しみ。最近は、素材もデザインも、さまざまなものが出回るようになりました。はじめて作るなら、扱いやすいローボウルの中からお気に入りを選ぶとよいでしょう。

素材別コンテナのいろいろ

シンプルな素焼きのローボウル。平たい形は安定感がある。

樹脂製

軽くて割れにくいのが長所で、値段も比較的お手ごろ。ほとんどはプラスチック製。素焼きより土の乾きは遅いが、蒸れやすい。風通しのよいベランダなどに向く。

素焼き

粘土を焼いたもので、あたたかみがある。主に赤褐色で、テラコッタとも呼ばれる。通気性がよいので、用土が乾燥しやすく、水やりに注意を。重くて割れやすい。

ビギナーにおすすめはローボウル

ローボウルというのは、写真のような丸形で口が広くて浅い鉢のことです。丸い形は苗の配置を決めやすく、浅い鉢だと、初心者にも扱いやすい草丈が低い草花とのバランスをとりやすいのです。樹脂製のものはいろいろな色があります。

木製

木材の種類が豊富で、形もいろいろなものがある。通気性がよく、自然な質感が草花にしっくりなじむ。排水口のないものは、底穴をあけて使う。

古紙ポット

古紙を固めて成型したコンテナ。丈夫で軽く、質感がナチュラルで草花によく合う。古くなったら土に埋めれば分解される、環境に優しいリサイクル製品。

陶器

重くて割れやすいのは素焼きと同じ。色やデザインが豊富で楽しい。釉薬を使ってあるものは通気性がないので、樹脂製と同様、土が乾きにくい。

ヤシ殻マット

とにかく軽い。しっかり編まれているので、用土が流れ出す心配はない。ハンギングバスケットなどの枠ものに入れて使われ、それらとセット売りされることも多い。

サンドプランター

砂を焼き固めたもので、丸くて浅い形がほとんど。値段はやや高めだが、耐久性があり、水はけがよく、根がよく張る。野趣あふれる草花がよく似合う。

培養土コーナーで選ぶ

園芸店ではさまざまな用土が売られていますが、初心者にはブレンドずみ培養土が扱いやすくて手軽です。すでに肥料分が入っているものもあり、袋からあけてすぐに使えます。

天然樹皮をベースにした培養土。従来の培養土より軽くて便利。

肥料も配合ずみの鉢・プランター用培養土。寄せ植えにも使える。

扱いが楽なブレンドずみ培養土がビギナー向き

植物は適した土に植えないとうまく育たず、ときには枯れてしまう場合もあります。ですから植物に合った土を用意することは、とても重要なのです。

園芸用土には、赤玉土や鹿沼土など、さまざまなものがあります。通常はこれらを混ぜ合わせて植物に合った土を作りますが、すでにブレンドされた培養土も売られており、ビギナーにはこちらがおすすめです。草花用や球根用など植物の種類や用途によって、さまざまな商品があります。最近は寄せ植え用やハンギングバスケット用も登場し、肥料が配合された培養土もあります。パッケージの説明書をよく確かめてから購入しましょう。

寄せ植え・ハンギングバスケット用の培養土。吊り鉢に使えるタイプは軽くできている。

観葉植物を育てるのに適した土がブレンドされている培養土。土は軽めで、排水性、保水性、通気性がよい。

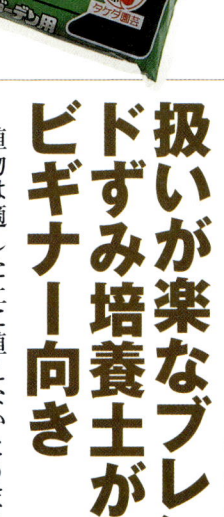

赤玉土

赤玉土は、粒の大きさによって、大粒・中粒・小粒に分けられる。容器の大きさで使い分けるとよい。

関東ローム層表層の下部の赤土を乾燥させたもの。水もちと通気性がよく、肥料分をよく保つので、園芸用土のベースに広く使われる。粒が壊れやすいので、なるべくかたそうなものを選ぶ。

バーミキュライト

蛭石を焼いて膨張させたもの。水はけ、肥料もちがよく、用土の水はけを改良したいときに使う。中性か弱アルカリ性。とても軽いので、ハンギングバスケットの用土に混ぜると全体が軽くなる。

自分で土をブレンドする場合は？

寄せ植え作りに少し慣れてきたら、土作りにも挑戦してみましょう。基本になる用土は、赤玉土6に対して腐葉土4を混ぜたもの。たいていの植物はこの配合でよく育ちます。土の粒をつぶさないように注意しながらよく混ぜ合わせます。

育てる草花によっては、ほかの用土を混ぜて、水はけ・保水性などを調整します。余った用土は、ビニール袋に入れて口を縛り、雨の当たらない日陰で保存を。

ピートモス

腐って堆積した水ごけを乾燥させたもの。軽く、保水性、肥料もちがよい。保水性を高める配合に使うが、強酸性なので用土の酸度に注意して加える。酸度調整ずみの製品もある。

腐葉土

主に広葉樹の落ち葉などを腐らせたもの。有機質なので若干の栄養分も含む。水はけをよくしたいときは、基本ブレンドの腐葉土を、赤玉土と同量までふやすだけでもよい。

ガーデニンググッズ コーナーで選ぶ

使いやすい道具を手にすると、それだけでガーデニング作業が楽しくなります。これだけはそろえておきたい必要最小限のツールはこの4つ。使いがってがよく、手になじむものを選びましょう。

寄せ植えだからといって特別な道具はいりません。一般のガーデニングで使う道具があれば十分です。まずそろえたいのは、植えつけと毎日の手入れに欠かせないシャベル、ジョウロ、土入れ、ハサミの4つです。

さまざまな素材やデザインのものが出回っています。初心者は、見た目重視でこったデザインのものや、極端に安いものではなく、作りのしっかりした使いやすいものを選ぶことが大切です。

ジョウロ

プラスチック製で柄が長いタイプが軽くて使いがってがよい。水はたっぷり4.5ℓは入るものがほしい。ハス口は、穴の目がこまかく、とりはずせるものが便利。

シャベル

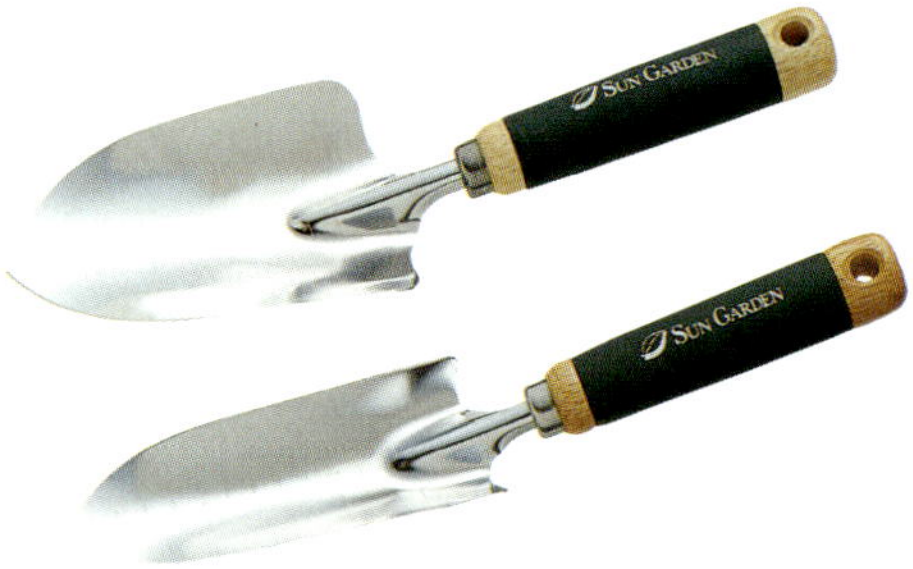

頑丈な作りのステンレス製のものが使いやすく、長もちする。幅の広いものと細いものがあり、用途によって使い分けるとよい。目盛りのついたものもある。

ハサミ

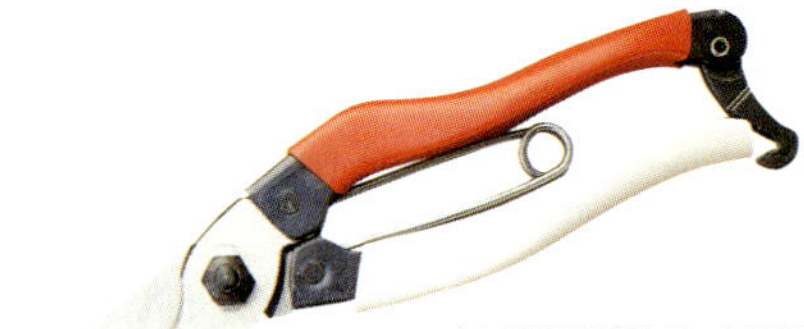

上は剪定バサミ。直径2～3cmくらいまでなら木の枝の剪定ができる。左は一般的な園芸バサミで、草花の作業向き。根を切る、芽を摘むなどのこまかい作業はこちらで。

土入れ

苗の植えつけなどで、鉢の周囲から土を入れるときに使う道具。大・中・小の3点セットになっていることが多い。ステンレス製とプラスチック製がある。

Lesson2

花の寄せ植えを作ってみよう

基本の作り方と毎日の手入れ

さあ、寄せ植え作りの始まりです。基本の植え込み方と毎日の手入れの方法をしっかりマスターして、実際に寄せ植えを作ってみましょう。

ローボウルを使った基本の植えつけ

寄せ植え作りはまったくはじめてという方でも、簡単に作れて手入れも楽なのが、ローボウルに草花を組み合わせた寄せ植えです。コンテナのまん中に背の高い草花を、周囲に低い草花を配置する基本的なデザインで植えつけてみましょう。

センターを高くして、ピラミッド形（20、50ページ参照）にまとめた一鉢。花色もまとまりやすい紫色のワントーンで統一。どの種類も花期が長く、苗のボリュームが出ても、同じバランスで長期間楽しめる。

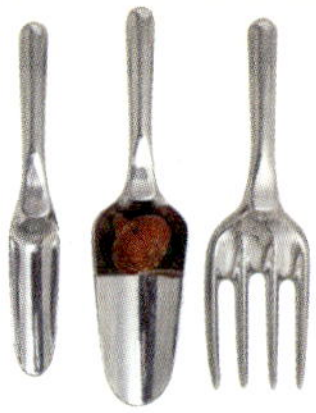

用意するもの

サルビア・ファリナセア、ペチュニア、バーベナ、ローボウルのコンテナ、培養土、鉢底土、緩効性化成肥料、鉢底ネット

簡単！作り方

1 配置を決める

ビニールポットの苗をそのままコンテナに並べて、バランスを見ながら配置を決める。ポットが傾かないよう、鉢底に丸めた新聞紙などを敷くと作業しやすい。

簡単！作り方

2 鉢底土を入れる

鉢底土は、水はけをよくし、根の張りをよくするために入れる。鉢底に穴があるときは、鉢底ネットを敷いてから鉢底土を入れる。量は鉢底が隠れるくらいでよい。

簡単！作り方

3 培養土を入れる

次に培養土を入れる。根鉢のいちばん大きい株を置いて鉢縁から２㎝程度下になるくらいの高さを目安に。使用する培養土に元肥が配合されていない場合は、あらかじめ培養土に緩効性化成肥料を混ぜておく。

次ページへ続く

簡単！作り方 4 植えつけ開始

根鉢の大きい苗からビニールポットから抜いて、根鉢を持って培養土の上に置いていく。

簡単！作り方 5 根鉢をほぐす

写真のように、根が伸びてびっしりと張っている場合は、根鉢の底面の中央に指をさし込んで、軽く内部をほぐしてから植えつける。

簡単！作り方 6 株元をそろえる

植え終わったときに株元の高さが凸凹にならないよう、根鉢の小さな苗は底に培養土を足し入れて、高さを調整しながら植えていく。

CHECK POINT!

チェックポイント

植え終わったときに株元がそろっていないと、根がむきだしになったり、水のたまりやすい場所ができたりしてうまく育たない原因に。

簡単！作り方 7 土を足す

すべての苗を配置し終えたら、根鉢と根鉢の間に土を足す。用土の表面が平らになるように、指や箸などで突ついてへこんだところに土を入れる。

簡単！作り方 水やり 8

ハス口をとったジョウロで、水を与える。まだ株が根づいていないので、株元に向けて優しく。底穴から水が流れ出るまで、たっぷりと与える。

簡単！作り方 完成！ 9

2～3日は直射日光の当たらない場所で管理し、その後は、日当たりのよい場所で楽しみたい。

CHECK POINT!

チェックポイント

水やりをした後に、土が沈んで根鉢が飛び出しているところがないかチェックする。土が沈んだところには用土を足す。

毎日の手入れ1 花がら摘み

せっかく作った寄せ植えですから、きれいに咲いた状態を少しでも長く楽しみたいもの。そのために必要な毎日のお手入れを紹介します。まず、大切なのは、花がら（咲き終わった花）をこまめにとり除くことです。

マーガレットの白い花と、ツルニチニチソウの葉に入った白い縁取りがさわやかな印象の一鉢。マーガレットは、次々に花を咲かせる。
＊マーガレット、ツルニチニチソウ

開花中は、こまめに花がらを摘み、落ちた花がらはとり除きます。花がらを残したままにしておくと、見た目が悪いだけでなく、次の花が咲きにくくなります。落ちた花びらを腐らせると病気の原因になることも。植物によって花がらを摘む位置が違うので、基本を覚えましょう。

花がらをほうっておくとタネができる

花がら摘みをしないと、写真のようにタネができる。タネを作ることに養分が奪われてしまい、花数が減ってしまう。

ペチュニアは花を咲かせながらタネをつけ、枝もぐんぐん伸びる。花数と草姿を保つため、花がらは花柄のつけ根から切る。

マーガレットの花がら摘み

花の中心部分が茶色く色づいてきたら、花茎のいちばん上についている葉のすぐ上で切ります。花がらを摘むと、新芽が伸びて次の花が咲く準備が早くできます。花が完全にしおれてしまう前に摘むようにしましょう。

マーガレットのように茎がかたい植物は指で摘むのではなく、ハサミで切りとる。花首を左手で持ち、茎を引っぱるようにすると切りやすい。

CHECK POINT!

チェックポイント

花首や茎のつけ根ではなく、いちばん上についている葉のすぐ上をハサミで切る。

Before

花が終わり、白い花びらがしなびて茶色くなった状態。中心の黄色い頭花だけが目立っている。

After

花がら摘みが終わった状態。液体肥料を月に2回ほど与えると、切った節から新芽が伸びて花芽ができる。

アゲラタムの花がら摘み

茎がやわらかいものは手で摘みとって大丈夫。ただし、ペチュニアはさわるとべたべたするのでハサミを使うのがおすすめです。アゲラタムは花色がくすんできたものから、順番にひとつずつ手で摘みとりましょう。開花が一段落したら、今度は花茎のつけ根から切りとります。再び花茎が伸びてきて、開花を楽しめます。

アゲラタムの色違いの中にユリの球根を植え込んである。ユリが咲いたときにも、アゲラタムが咲きそろうよう、こまめに花がらを摘んで、元気な株をキープしたいもの。
✽ユリ、アゲラタム

つぼみを傷めないように気をつけながら、花がらをひとつずつ摘みとる。茎と茎の間にも花がらや枯れ葉がついているので、注意してとり除くこと。

Before

アゲラタムの花色がくすんだり、茶色に変色したりしている。咲き始めより、咲き終わった花のほうが目立っている。

After

作業が終了して花数は減ったが、きれいな花だけが残ってすっきり。つぼみが多数ついているので、再び満開状態が楽しめる。

（花がら摘みのポイント）

花がら摘みは、植物の種類によって方法が多少異なります。

バラの花がらは、枝のいちばん上にある五枚葉のすぐ上で切りとるのが基本。

チューリップなどの球根植物は、花首で切りとる。葉や茎は球根を太らせるために残す。

花が房状につくものは終わった花から順番に摘み、最後の花が終わったら花茎のつけ根から切りとる。

四季咲きベゴニアは結実しやすいので花が終わるとすぐに摘み、開花が一段落したら芽の上で茎を切りとる。

パンジーやプリムラは花茎のつけ根から摘む。花茎を折らず、できるだけ茎を残さないよう注意して行う。

花がら摘みを怠ると…

花数が減ったり、草姿が乱れやすくなる。花の最盛期を長く楽しむためには、花がら摘みは欠かせない重要な作業。

花が散ったあとの花茎など、余分な部分を放置しておくと、病虫害にかかる確率が高くなる。

毎日の手入れ②

水やりと施肥

コンテナに植えた草花は、ほうっておいたらそのうち元気がなくなり、枯れてしまいます。できるだけ長く、美しく寄せ植えを楽しむには、水やりと、ときどきの肥料やりを忘れずに。

基本の水やり

水やりは朝起きたら必ず、と日課にできるものではありません。水やりのタイミングは「土の表面が乾いたら」が基本だからです。寄せ植えでは土の表面が見えにくいので、指でふれて乾きぐあいをチェックすると確実。湿りけを感じなかったら、鉢底の穴から水が流れ出るまで、たっぷり与えましょう。水やりの時間は午前中がベストです。草花によって、乾燥ぎみの土を好むものやその逆を好むものがあるので性質を調べたうえで管理します。

水やりは株元に、が鉄則。ジョウロの先を株元に寄せて、静かに与える。口の広いコンテナは、全体に行き渡るよう数カ所から注ぐとよい。

ハス口をつけて、植物の上から雨のように水を降らせてはだめ。花がぬれると、傷んで病気の原因になることが。

ハンギングバスケットの水やりは？

地面に置いたコンテナよりも風通しがいいので土が乾きやすい。土の乾きぐあいを、こまめにチェックして、水やりを。

夏の水やり

夏は午前中といっても、日が高くなるとたちまち気温が上昇します。そうなってから水やりをすると、鉢の中が蒸れて株が弱ってしまいます。比較的涼しいと感じる早朝に水やりをしたいもの。タイミングをのがしたときは、夕方日が落ちて暑さがおさまってから水やりをします。逆に冬は、午前中といっても十分暖かくなってから水やりを。夕方の水やりは避けましょう。

土の表面に水ごけを敷き詰めると、水分の蒸発を防いでくれるので、乾きが遅くなる。

ベランダなどのコンクリート面では、スノコや板などの上に鉢を置く。風通しがよくなり、鉢の中が熱くなるのを防げる。

留守中の水やりのアドバイス

2～3日の小旅行だったら、この対策で安心して出かけられます。

夏以外は腰水にしてもよい。バケツや発泡スチロールの箱に深さ3～4cmほど水を張って、鉢を入れる。

サイフォン式給水。少し高いところに水の入ったバケツを置き、細いひもで鉢に水を導く。ひもの一端は必ずバケツの底に垂らす。

自動的に給水するウオーターキーパーをセットする。写真はアヒル形の陶器で、水が少しずつしみだす仕組み。

ペットボトルに水を入れ、市販の留守中水やり用のふたを閉める。さかさにしてふたを鉢土にさし込む。500mlで1週間くらいは平気。

肥料の施し方

置くタイプの緩効性の固形肥料。水やりをするたびに少しずつとけだし、ゆっくりと長期間効く。株元から離した鉢の縁などに、土中に軽く押し込むように置く。

肥料には、油かすなど自然のものが原料の有機質肥料と、化学的に合成された化成肥料があります。化成肥料には液体のものと固形のものがあります。

　さらに、与える時期と目的によって、元肥と追肥があります。元肥は苗を植えつけるときに土に混ぜておく肥料のことで、しっかり土に根づくよう、根の生長を促します。追肥はその後の植物の生長に従って、不足した養分を補うためのものです。

液体肥料は速効性があるが効力は短いので、定期的に与える。水で薄めて使うものと、そのまま使うストレートタイプがある。

肥料は長く咲き続ける草花に合わせて施す

　追肥は苗がしっかり根づいてから施しますが、花が咲き始めたら基本的に打ち切ります。ただし、長く咲き続ける草花では、開花中も液体肥料か、置くタイプの固形肥料を施します。寄せ植えでは、花期の長い草花に合わせて施すのがよいでしょう。

　肥料は多すぎても少なすぎても期待したとおりの効きめをあらわしません。適当な時期に適量を施すことが大切です。

元肥は、規定の量を用土によく混ぜてから使う。肥料があらかじめ配合されている培養土には不要。

Lesson3

植物の組み合わせ方を覚えよう

美しくまとめるデザインのコツ

配色や草姿の組み合わせ方など、いくつかのデザインパターンがあります。このパターンをマスターして、いろいろな寄せ植え作りにチャレンジしてみましょう。

デザインパターン1 ピラミッド形

ビギナーでも鉢とのバランスをとりやすいのが、このデザインです。使う鉢の形や大きさに合わせて、シングルかダブルのピラミッド形を選びます。組み合わせる植物は、まずピラミッドの中心になる草丈の高い植物を選び、鉢の縁に向かってだんだんと低くなるように、高・中・低のものを選びます。

円形のコンテナの中心を高く作る［Sピラミッド形］

コニファーのゴールドクレストを中心に、中くらいの高さになるキバナコスモス、鉢縁には横に広がって伸びるアメリカンブルーを植えて。

円形や正方形のコンテナには、シングルピラミッド（Sピラミッド）形がバランスよく作れます。高・中・低の植物がうまくつながって、末広がりになるよう植物を配します。中央の植物として使いやすいのが、コニファーです。特にゴールドクレストは美しい円錐形で、バランスがとりやすいので、おすすめです。

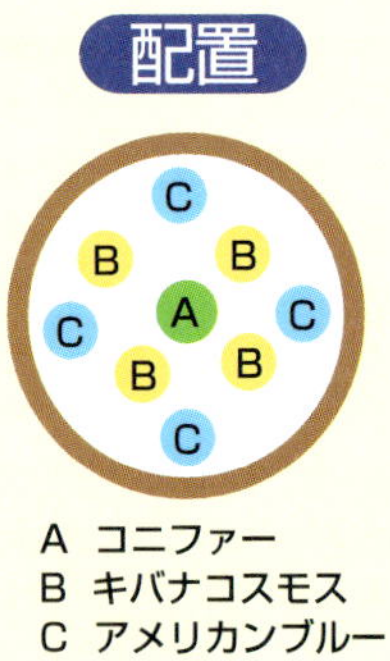

2つの中心にはゴールドクレスト、その間のミニバラが2つのピラミッドのつなぎ役に。パンジーとビオラはピンク系でまとめ、鉢の両サイドにはタスマニアビオラで広がりを演出。

横長の鉢は2つの山を作る［ダブルピラミッド形］

横長のコンテナはピラミッドを2つ作ると、バランスよくまとまります。草花選びはシングルピラミッドと同様に、高・中・低の草丈のものを選び、コンテナの縁に向かって草丈の低いものを植えます。中心のピラミッドの高さを左右で変えても、また違った雰囲気になります。

配置

A コニファー
B ミニバラ
C パンジー
D ビオラ
E シルバーレース
F タスマニアビオラ

デザイン

デザインパターン2

こんもり型

「難しい理屈は抜き」という方におすすめなのがこのタイプ。草丈が同じくらいの草花を集めて、こんもりと小山のような形ができるように配置します。さらにボール状にする場合は、吊るすタイプのハンギングバスケットで作ります。

色とりどりのパンジーとビオラを集めて。白い小花のスイートアリッサムをアクセントに。

お花畑が簡単にできる「ドーム型」

こんもりと茂る草花だけを組み合わせた寄せ植えです。生育後の草丈の高低差を計算しなくてもよいので、ビギナーでも手軽に組み合わせを考えられます。生長しても蒸れないように、植え込むときは株間を十分とることがポイントです。

配置

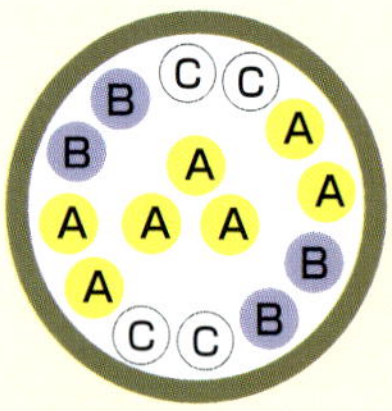

A パンジー
B ビオラ
C スイートアリッサム

デザイン

華やかさいっぱいの花のボール。ゼラニウムの間は、繊細な印象の小花で埋めて。（使った植物は下のイラスト参照）

ひとつの花色だけでまとめ、いくつか吊るせばみごとな空中花壇に。パルドサムやパンジーなどでも同様に。
✻四季咲きベゴニア

壁かけバスケットで作った壁面ドーム。薄紫とピンク、白の花色を混植して、全体を優しい色彩に。
✻ネメシア

空中に浮かぶ花園【ボール形】

ハンギングバスケットを使って、上面と側面に植えると球状のこんもりとしたボール形を作ることができます。植物はどんなボールを作りたいかイメージして選びますが、ドーム型と同様にこんもりと茂るタイプのものがよりきれいなボール形に。

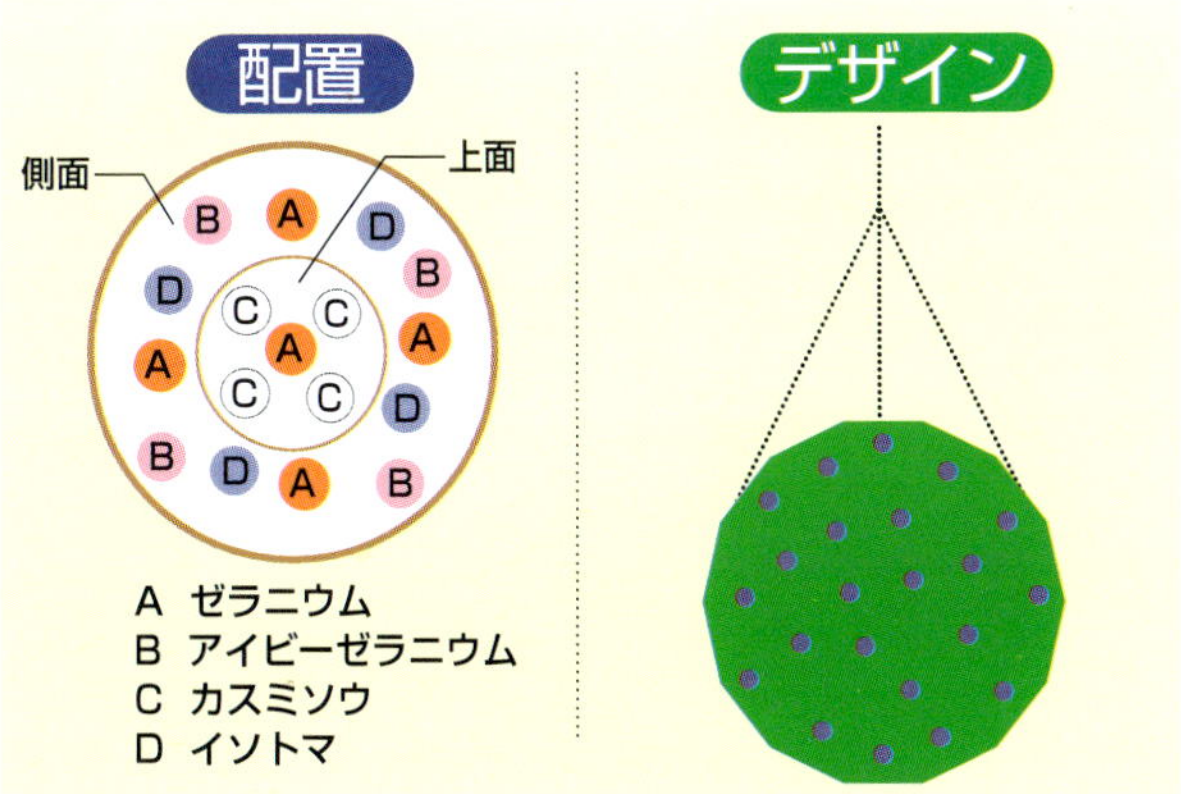

デザインパターン3
風景型

コンテナを小さな庭に見立ててひとつの風景をつくるようにデザインします。ベランダや玄関先など、地植えのスペースがなくても、庭の気分が楽しめます。花壇の一部を切りとったような花壇型やロックガーデン風の箱庭型など、テーマを決めてデザインしてみましょう。

横長のコンテナの奥にスイセン、手前にビオラを並べただけの最もシンプルな2段仕立て。奥行きのあるコンテナでは少しずつ段差ができるように草花を選ぶと、いろいろな花が楽しめる。

ミニ花壇をイメージして［花壇型］

コンテナの後ろに草丈の高いものを、手前に向かってだんだん低くなるように配します。ひな壇のように植えることで、正面からすべての花を見ることができます。正面から見ることを想定した配置なので、塀や建物を背にした場所が適しています。

後ろ中央を高く、手前に向かって４段に植え込んで。高さのあるベニジウムをあえて手前に植えたことで奥行きが感じられるデザインに。
❋パンジー、ビオラ、エニシダ、ベニジウム、ボロニア、アスタルテア

楕円形のコンテナの形に合わせて、後ろ中央を高く両サイドはやや低く、前面を低く配した花壇型。
❋ミムラス、ロベリア、ダールベルグデージー、ヘデラ

樹木や石をとり入れて［箱庭型］

コンテナを箱庭に見立てます。いろいろな色や樹形のコニファー類を組み合わせると簡単です。樹形のバランスを見ながらコニファーを配し、間に季節の花を植えると季節感のある箱庭のでき上がり。溶岩などを置くとロックガーデン風に。

デザイン

配置

A	A	C	A	A	D
A	B	B	A	B	A

A　コニファー類
B　パンジー、ビオラ
C　シロタエギク
D　クリサンセマム・パルドサム

使ったコニファーは、スワンゴールド、ゴールドクレスト、フィリフェラ・オーレア、ハイビャクシン、ラインゴールド、ボールバード。全体に生長がゆっくりなので、樹形が乱れず長く楽しめる。

デザインパターン4
主役型

大好きな花を決めて主役にし、あとはその花を引き立てることを考えて草花を組み合わせます。主役さえ決まれば植物選びも容易なので、ビギナーにもまとめやすいパターンだといえます。存在感のある花や樹木を主役にすると、メリハリのある寄せ植えができます。

スイセンは、1本だけでは弱いが5～6本まとまるとしっかりとした主役に。スイセンの立ち姿を引き立てるように、脇役は草丈の低い草花と組み合わせるのがポイント。

開花時期を工夫して［短期型と長期型］

主役を花木にすると長期間楽しめるコンテナに。脇役に季節の草花を選び、ときどき入れかえると一鉢でいろいろな組み合わせが楽しめます。球根植物や一年草などを主役にすると、花の盛りは短期間になります。脇役にする花は、主役の花が咲く時期に合わせて選び、季節感あふれるコンテナを作ってみましょう。

配置

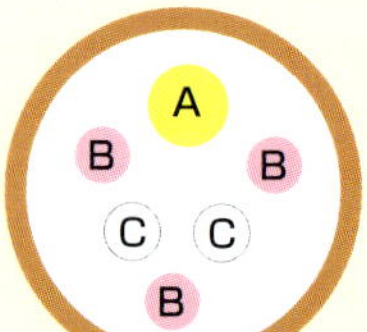

A スイセン
B デージー
C キャンディタフト

デザイン

スタンダード仕立てのハイビスカスを主役に、観葉植物の白いカラジウムを合わせてさわやかさを演出した夏の寄せ植え。
＊ハイビスカス、カラジウム

デルフィニウムは初夏を彩る期間限定の主役。短い期間だからこそ、思い切って主役にして引き立ててみるのも楽しい。
＊デルフィニウム、マトリカリア、ヒメツルニチニチソウ

スタンダード仕立てのマーガレットは、春に次々と花を咲かせる多年草。年々大株に育ち、毎年楽しめるので季節の主役として1本あると便利な素材。
＊マーガレット、インパチエンス

デザインパターン5
流線形

つる性植物や葉ものを使って、流れるようなラインを生かしたデザインです。ラインによって寄せ植えに動きを与えることができます。力強い線や繊細な線、あばれた感じの線やゆるやかな線など、それぞれの植物のもつ特性を生かして寄せ植えにとり入れてみましょう。

白とグリーンを基調に、3つのコンテナで上から下へ大きな流れる動きを演出した夏の寄せ植え。コニファーとヘデラ、さらに斑入りヤブランが流れをつくり、軽やかな動きを添える。

コンテナから外に向かって流れをつくるので、ラインを生かすための空間が必要です。ハンギングバスケットやウォールポットなどで壁かけにするほか、コンテナの場合は高さのあるものや花台にのせるなどして地面までの空間を確保します。また、流れだけが強くならないように、全体のバランスをとることが大切です。

配置

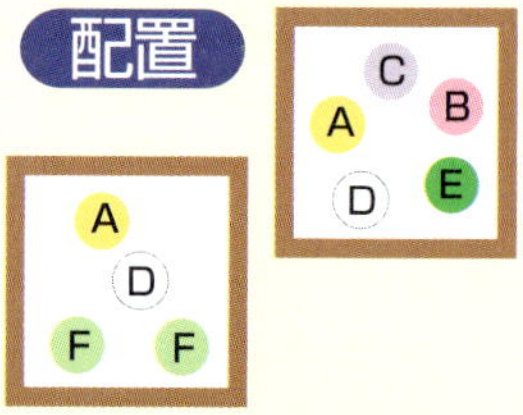

A 斑入りヤブラン
B カラジウム
C サルビア・コクシネア
D ペチュニア
E コニファー
F ヘデラ

デザイン

滝のようにまっすぐ下に流れる動きは、長く伸びるツルニチニチソウで。特に斑入り葉は、おしゃれなイメージに。

＊アメリカンブルー、センニチコウ、ペチュニア、ツルニチニチソウ、サルビア・ファリナセア

フィカス・プミラは、少しあばれた感じの流れる動きに。生長がゆっくりなので全体のバランスがくずれにくい。

＊ビオラ、パンジー、フィカス・プミラ

明るいライム色のリシマキアはツルニチニチソウと同様にまっすぐ滝のような動きを演出。生長が速いので、吊るタイプの寄せ植えに。

＊フクシア、リシマキア・ヌンムラリア‘オーレア’

デザインパターン6
扇　形

葉を放射状に広げる植物を主役にするデザインで、ワンポイントに飾りたい場所におすすめです。主役として使う植物は、シャープなラインのニューサイランや葉色を楽しむコルジリネなど、個性的な印象の観葉植物や葉ものがぴったり。草花だけの寄せ植えとは一味違った雰囲気を演出できます。

葉色の美しい植物をとり合わせた寄せ植え。主役となるユッカのラインの強さをヘリクリサムの自由奔放な動きでやわらげて。

放射状に広がる植物はそれだけでも線に観賞価値がありますが、さらにその線を生かした寄せ植えにするとインパクトの強い一鉢になります。せっかくの美しいラインが埋もれないよう、株元の植物は草丈を低く抑えます。葉ものだけでまとめたり、中心の植物がより引き立つような花色を合わせるなど、いろいろな雰囲気を楽しんでみましょう。

中心のコルジリネは葉の美しさを楽しむ観葉植物。反対色の明るいグリーンのデュランタ‘ライム’やコリウスを株元に入れてパキッとした印象に。

✽コルジリネ、セネシオ・レウコスタキス、デュランタ‘ライム’、コリウス

配置

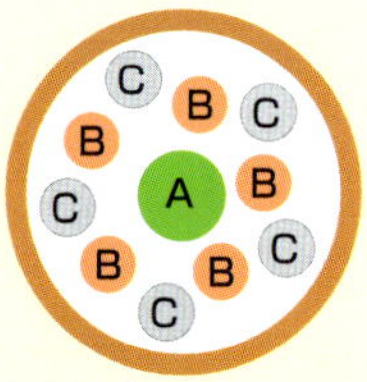

A　ユッカ
B　コリウス
C　ヘリクリサム・ペティオラレ

デザイン

Lesson4

いろいろなコンテナを使ってみよう

素材の特性を知って楽しみの幅を広げる

寄せ植えに使うコンテナにはさまざまな素材や形のものがあります。いろいろなコンテナを使いこなせば、コンテナガーデンの世界がさらに広がっていきます。

チャレンジ1 CHALLENGE!

壁かけバスケット

狭いスペースでも壁にかけるタイプのバスケットを使えば、寄せ植えを楽しめます。バスケットの素材にはいろいろなタイプのものがありますが、ここでは初心者でも手軽に作れるプラスチック製バスケットとワイヤバスケットを紹介します。バスケットの雰囲気に合った花を組み合わせて、さあチャレンジ！

ピュアな白とオレンジがかった赤のインパチエンスに、明るいグリーンのツデーがよくマッチした初夏の寄せ植え。

スリットタイプのプラスチック製

プラスチック製のバスケットは、軽くて扱いやすいのが特徴です。中でも、側面にスリットの入ったタイプは、苗の根鉢をくずさずに植えられるので、手軽に植え込みができ、根を傷めることが少なく、安心です。ひとつのバスケットにたくさんの株が植え込めるので、植えてすぐから豪華なバスケットが楽しめます。

側面にスリット入りのプラスチック製のバスケット。土が流れ出ないためのウレタンマットつき。

用意するもの

インパチエンス（赤、白）、ツデー、ヘリクリサム・ペティオラレ、プラスチック製バスケット、培養土、鉢底土（軽石）

簡単！作り方

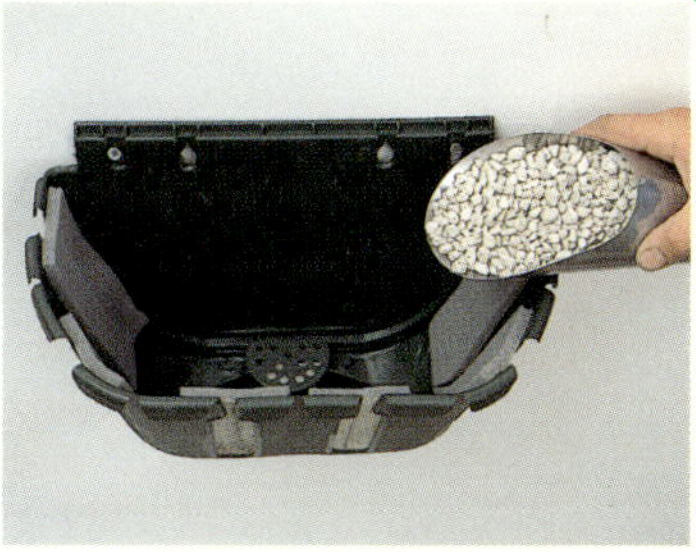

1

セットされているウレタンマットをスリットの位置に合わせて張りつけ、ウレタンマットの下端ぐらいまで軽石を入れる。

2

スリットの下端まで用土を入れ、スリットを押し広げて苗の茎がスリットの間から出るように、下部から株を植える。

3

ヘリクリサムを左右に植えたら、側面のスリットに配色を考えながらインパチエンスをバランスよく植え込んでいく。

4

ツデーは側面の上方に配し、上部で二分して葉が側面と上部から出るように分ける。

5

バスケットの付属のリングを、二分したツデーの分け目をまたぐようにしながら上端にはめ込む。

6

上部に植えるインパチエンスの根鉢が入る深さまで用土を入れ、苗をやや前向きにして植える。

7

乾燥を防ぐために上部の苗の株元を湿らせた水ごけでおおう。水ごけは詰め込む感じでたっぷりと入れる。

スリット入りのプラスチック製バスケットには吊り下げタイプもある。側面には8つのスリットがあり、ボリューム満点の花のボールが楽しめる。

＊パンジー、ビオラ、スイートアリッサム

壁かけバスケット

花色と花形の似たものどうしを合わせた愛らしい組み合わせ。垂れる葉ものを少しだけ入れてニュアンスを出して。

ヤシ殻マットつきのワイヤバスケット

ヤシ殻をシート状にしたものがセットされたバスケットです。普通の鉢植え感覚で手軽に使えますが、乾燥しやすいので、こまめに水やりができる人におすすめです。できれば、水ぎれを嫌う植物は避けたほうが無難です。植えつけたバスケットはかなり重くなるので、かける場所にはしっかりと固定を。

用意するもの

ニチニチソウ、ニコチアナ、ヘリクリサム・ペティオラレ、ヘデラ、ワイヤバスケット、用土（市販の培養土2:腐葉土1:小粒パーライト1に緩効性化成肥料を混ぜ合わせたもの）

赤と黄色を基調にしたシンプルな組み合わせ。ヘデラで動きを出して、ちょっと都会的なイメージに。
✱ゼラニウム、パンジー、ヘデラ

古紙ポットつきのワイヤバスケット

ヤシ殻マットのかわりに古紙で作られたポットがセットされたものも。古紙ポットは軽くて扱いやすく、素朴な風合いが楽しめます。ナチュラルなイメージの寄せ植えにぴったり。

吊りタイプの古紙ポットつきワイヤバスケット。古紙ポットは使い古したら地面に埋めると自然に土に還元される。

簡単！作り方

1

バスケットにヤシ殻マットをセットして、苗を植える深さまで用土を入れる。

2

ニチニチソウは垂れ下がるように、飾りワイヤの部分をくぐらせて、少し前向きに2カ所に配置する。

3

ニチニチソウを左右の縁にも植えたら、少し用土を足してさらに上部中央に配置する。

4

ニチニチソウの間にニコチアナを配し、株間に用土を足しながら手で軽く押さえて植えていく。

5

左右にそれぞれヘリクリサムとヘデラを植えるが、左右対称ではなく、ヘデラはアンバランスに植えたほうがおしゃれ。

チャレンジ2 CHALLENGE!
ポット型コンテナ

ビギナーにおすすめしたのは32ページで紹介したローボウルですが、少し寄せ植えに慣れてきたら、ちょっと深めのポット型コンテナにチャレンジしてみましょう。深さがあると草丈の高いものとのバランスがとりやすく、土もたっぷりと入るので、草花だけでなく花木や樹木も主役として組み合わせができます。

ポット型コンテナは、高さのわりに口の部分が狭くなっているので、安定感があり、切り花を花瓶にアレンジする感覚でデザインをまとめやすいのが特徴です。素焼き素材のものが手軽に入手できますし、通気性や水はけがよいので植物の生育に適しています。

コスモスを主役にピンクから紫系でコーディネートした秋の寄せ植え。コンテナの縁を飾るクジャクアスターとセネシオ・レウコスタキスでモダンな印象に。

用意するもの

コスモス、サルビア・ファリナセア、クジャクアスター、セネシオ・レウコスタキス、素焼きポット、用土（市販の培養土または赤玉土5：バーミキュライト3：ピートモス2の混合土）、鉢底土、緩効性化成肥料、鉢底ネット

簡単！作り方

1

鉢底に鉢底ネットを敷いて、土の流出と害虫の侵入を防ぐ。ネットは土を入れたときずれないように、やや大きめのものを。

2

鉢底土をコンテナの半分くらいまで入れ、重さの軽減をはかる。さらに用土を入れる。

スタンダード仕立てのピラカンサには安定感のあるポット型コンテナが安心。黒いコンテナと花の白、実の赤のすっきりした配色の冬の寄せ植え。
✽ピラカンサ、ビオラ、ハボタン、キンギョソウ、スイートアリッサム、シロタエギク

シックな素焼きの風合いに、キキョウの立ち姿を生かしながら入れた葉もののあしらいが新鮮。
✽キキョウ、サルビア・ファリナセア、デュランタ'ライム'、セトクレアセア、フウチソウ

3

培養土が肥料入りでない場合は緩効性化成肥料を入れ、さらに土を入れて苗の根に肥料がふれないようにする。

4

すべての苗を並べて、レイアウトを決める。

5

最初に草丈の高いコスモスを中心に置いて、高さや花の向きを見てバランスよく配置する。

6

コスモスの周りにサルビア・ファリナセアを、さらにコンテナの周囲にはセネシオ・レウコスタキスとクジャクアスターを交互に植え込む。

7

株の間に用土を入れながら、棒を使って土を突ついて落ち着かせ、鉢土の表面が平らになるようにする。

8

水をそれぞれの株元にまんべんなくたっぷりと、鉢底から水が流れ出るまで与える。

チャレンジ3 CHALLENGE!

大型コンテナ

置き場所にスペースがあれば、ボリューム感いっぱいの大型コンテナにチャレンジしてみましょう。素焼きのものや木製のものなど、いろいろな素材があります。たくさんの草花を集めたり、樹木を使ったりすれば、寄せ植えの楽しみが広がります。

コンテナのボリュームを生かして、コニファーを主役に。株元は明るく軽やかな印象の草花で飾って。

＊チューリップ、ムスカリ(写真奥)、コニファー、リナリア、クリサンセマム・パルドサム(写真中央)、ラナンキュラス、プリムラ・ジュリアン(写真手前)

大型コンテナは土もたっぷり入り安定感もあるので、かなり大きな花木やコニファー、果樹などとの寄せ植えも楽しめます。ただし、寄せ植えを作ったあとで移動しようと思っても、重くて動かすのに苦労することがあります。最初から置きたい場所で植え込みをするか、植え込むときにコンテナの底に発泡スチロールを砕いて入れ、土の容量を減らして軽くしましょう。この場合は、土が減った分だけコンテナは乾燥しやすくなるので注意が必要です。

手作りの花車に、鮮やかなサフィニアとピンクのペチュニア、白いセンニチコウを盛り込んで。バーには小枝のオーナメントを。
✽ペチュニア、サフィニア、センニチコウ

使わなくなった乳母車もおしゃれな大型コンテナに。あふれるように伸びたヘデラが籐の素材とよく似合う。
✽クリサンセマム・パルドサム、エニシダ、ヘデラ

木製のタブにたくさんの植物を植え込んで。あちこち自由奔放に伸びる草花をとり合わせてもどっしりと安定感のあるタブなら負けることがない。

✽コニファー、デュランタ、ブーゲンビリア、オキザリスなど

チャレンジ4 CHALLENGE!
ウッドコンテナでナチュラル感を演出

ウッドコンテナにはさまざまなタイプがありますが、共通して「野趣あふれる草花がよく似合う」という特徴があります。ここでは木製タブとカリフォルニア産のレッドウッドのコンテナにチャレンジ！　新たな寄せ植えの世界を広げてみましょう。

樽を縦半分に切った半切りタブはスタンドとセットされているので、高さを生かした演出を。動きの出る葉ものを使うと効果的。

木製タブでワイルド感いっぱいに

タブはウイスキーやワインをつくるときに使う、樽やおけなどの容器の総称です。酒がもれないようにしっかりと木組みされているので、非常に丈夫ですが、価格はやや高めです。最近では、園芸用として作られたものが、手ごろな値段で入手できるようになりました。タブのもつずっしりとした素材感は、ボリュームいっぱいのワイルドな印象の寄せ植え作りにおすすめです。存在感が強いので、庭や玄関先などを一鉢で飾りましょう。植えかえ時に防腐剤を塗っておくとさらに長もちします。

用意するもの

サンタンカ、ミスカンタス、デュランタ'ライム'、フィカス・プミラ、ゴシキトウガラシ、半切りタブ（スタンドつき）、培養土、鉢底土、緩効性化成肥料、鉢底ネット

簡単！作り方

1

タブの底に鉢底ネットを敷き、鉢底土を1/3〜1/2程度入れる。軽くする場合は多めに入れる。

2

緩効性化成肥料を混ぜ込んだ用土を7〜8分目くらいまで入れる。

3

サンタンカとミスカンタスを、タブの中央に交互に植える。

4

ゴシキトウガラシを、サンタンカとミスカンタスの株の周辺に用土を足しながら植える。

5

デュランタ'ライム'をコンテナの縁に用土を足しながら植える。

6

デュランタ'ライム'はコンテナの縁から垂れ下がるように。

7

フィカス・プミラもデュランタ'ライム'と同様にコンテナの縁から垂れ下がるように植える。

8

株間に用土を足し入れながら棒で突ついてすき間を埋め、土をしっかりと安定させる。

9

コンテナが大型なので、水やりはまんべんなく周辺からたっぷりと与える。真夏は、日陰に1〜2日置いてからひなたに移す。

チャレンジ4 CHALLENGE!

ウッドコンテナ

明るい色が人気のレッドウッド

青色のサルビア・ファリナセアに、反対色を組み合わせた華やかな寄せ植え。シルバーの葉もので明るいイメージに。

カリフォルニア産のレッドウッドは腐りにくく、建築用材としても使われます。明るいレッドブラウンの色調はどんな植物ともよく合うので、初心者の方でも植物選びが簡単です。形や大きさは数種類あり、いくつか組み合わせると、それだけでおしゃれなコンテナガーデンに。

用意するもの

サルビア・ファリナセア、キバナコスモス、コスモス、セネシオ・レウコスタキス、ヘリクリサム・ペティオラレ、レッドウッドのコンテナ、培養土、鉢底土、緩効性化成肥料、鉢底ネット

簡単！作り方

1 底穴に鉢底ネットを敷いて、鉢底土を¼程度入れる。

2 肥料を混ぜた用土を、コンテナの7〜8分目まで入れる。

持ち手つきのしっかりとした大型コンテナに、秋色満載の寄せ植え。キクと美しい葉ものの組み合わせ。
✽コリウス、キク、斑入りヤブラン、アキランサス

和のイメージが強い焼き杉製。コニファーをメインにブラキカムなど洋風でも風情のある植物を使って、シックなイメージに。
✽コニファー5種、ラベンダー、ミソハギ、ブラキカム、リシマキア・ヌンムラリアなど

和洋どちらにでも使える いろいろな木製コンテナ

最近多く出回るようになったコンテナ。大きさも深さもいろいろなタイプがある。

3

前面から見る花壇型にするので、コンテナの後ろ半分にサルビアを植える。ここでは株が小さいので、6株ずつ2列に配置。

4

サルビアの間にキバナコスモスとコスモス、明るい葉色のセネシオ・レウコスタキスを、バランスを見ながら配置して植え込む。

5

株間に用土を足しながら棒で突ついてすき間を埋める。

6

コンテナの手前部分に、ヘリクリサムの茎の動きを見ながら垂らすように植え、さらにすき間のないように用土を入れる。

7

植え込みが終わったら、コンテナの底から水が流れるくらいたっぷりと株元全体に水を与える。

バスケットスタイルのかごのナチュラルな素材感を生かして、ワイルドなイメージになるようにバスケット全体にヘデラを絡ませて演出。

チャレンジ5 CHALLENGE!

変わり素材のバスケット

雑貨屋さんなどで売られているかごやバスケットの中には、寄せ植えの器に使えるものがあります。木の枝を組んだものやワイヤを使ったものなどいろいろなタイプがあるので、コンテナガーデンにとり入れて、個性的な寄せ植えを作ってみましょう。

木の枝を組んだ手つきかご

ナチュラル素材のコンテナは、素材の魅力を生かすことが大切なポイント。コンテナとバランスのよい植物を選び、野山の趣が出るように自然な感じの植え方をします。選んだ容器がそのままでは土入れができない場合は、グリーンモスや水ごけを敷き詰めるか、不織布やシュロ皮などを敷いて植え込みます。

用意するもの

ヘデラ、キンギョソウ、スイートアリッサム、パンジー、ビオラ、培養土、緩効性化成肥料、グリーンモス（水ごけでも可）

水ごけを使うときは水に浸して軽く絞り、バスケットの内側にたっぷりと敷き詰めます。水やりは水ごけに十分しみ込むようにていねいに。
✽ガーベラ、ミニバラ、ヘデラ、フィカス・プミラ

カントリー雑貨のワイヤバスケット

あらく組まれたワイヤバスケットも、水ごけを敷き詰めればすてきなコンテナに。花かごを作るような感覚でデザインします。

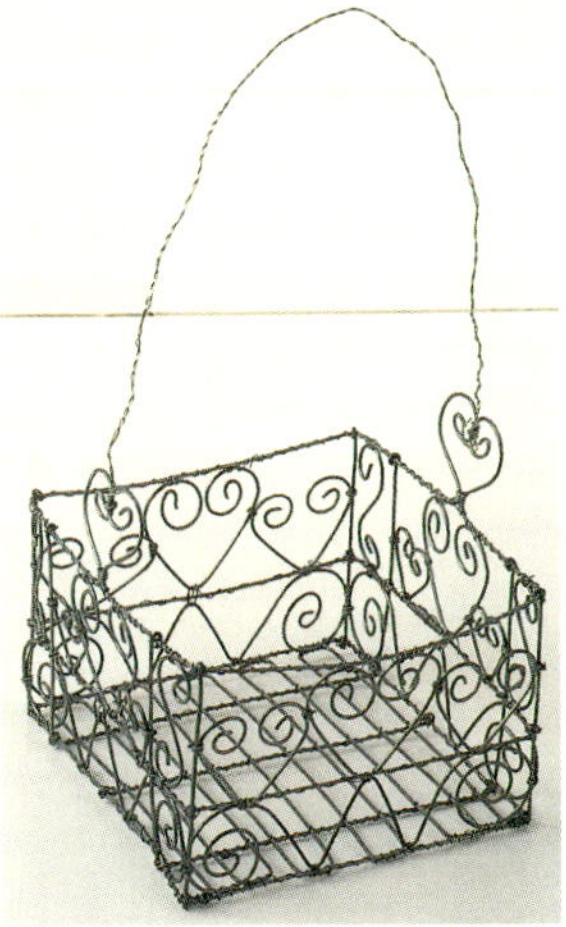

ハート形デザインのおしゃれなイメージ。そんな個性的なバスケットは、雰囲気を生かした色や植物選びを。

簡単！作り方

1
グリーンモスを15〜20分ほど水につけて軽く絞り、バスケットの底部と側面に幅2㎝ほど敷き詰める。

2
全体の配置を決め、周りに用土を足しながら草花を植え込んでいく。敷き詰めたグリーンモスとの間にすき間ができないように注意。

3
ヘデラはバスケットの中央の奥と手前に植え、株間にしっかりと用土を足し入れる。

4
草花の間の土の表面に、グリーンモスを敷き詰める。仕上がりがナチュラルで美しくなり、乾燥を防ぐ。

5
奥と手前に植えたヘデラをバスケットの取っ手にそれぞれバランスよく絡ませて、ビニールタイで10㎝間隔くらいにとめる。

秋の日ざしに映える黄色系でコーディネート。ヒメツルニチニチソウで動きをプラス。（花材と作り方は79ページ参照）

チャレンジ6 CHALLENGE!

本来はイチゴ栽培用のストロベリーポット

ストロベリーポットは名前のとおり、イチゴを栽培するための専用ポットとして作られたもの。植え込みポケットが側面にもあるので、一度にたくさんの草花が楽しめます。また、どの方向からも観賞できるので、見る側によって雰囲気を変えて作れば、コンテナガーデンの小宇宙が広がります。

8ポケットタイプを使ったイチゴ栽培。ポケットの段差が石垣イチゴのような雰囲気で、観賞価値も高い。
✽ イチゴ

素焼きで3つポケットのタイプが標準型。ポケットの数はいろいろあるが、土が流れ出やすいものがあるので、要注意。

どこからも観賞できるように、立体的にバランスよく植え込むことが大切です。ポケットに草丈の高くなるものを植えると、器の高低差を生かせず、バランスも悪くなります。下部のポケットから上部へと植え込むので、最後になってのポケットの植え直しは困難です。しっかりと配置を決めてから植え始めましょう。

ストロベリーポットの見分け方

植え込みポケットをよく見ると、いろいろな形のものがあります。植え込み後の手入れのことを考えて、扱いやすいものを選びたいものです。

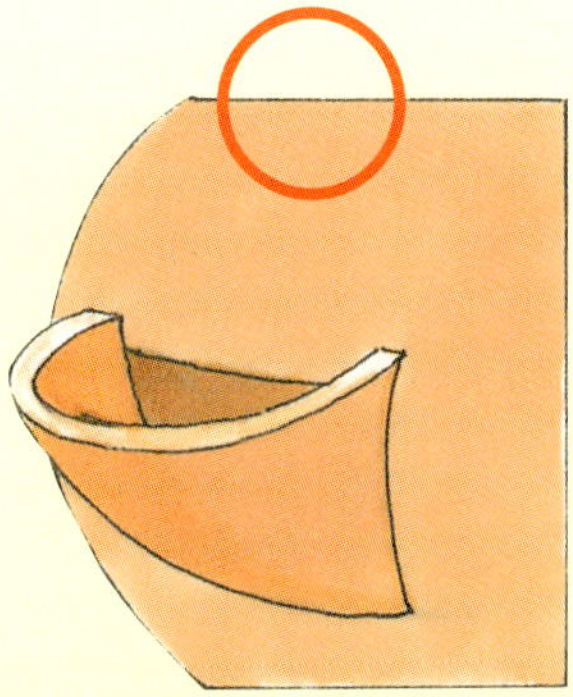

穴がほぼ水平に開いてポケットがついているものが○。水やりをしてもコンテナの中から土が流れにくい。

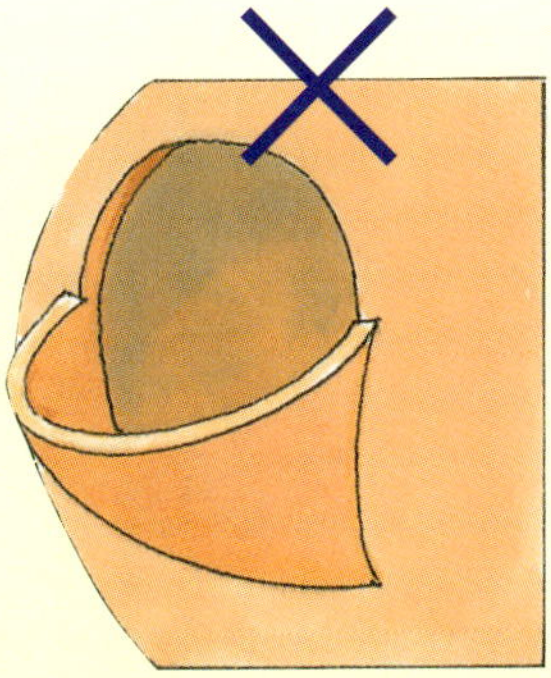

コンテナ本体の穴がアーチ状に大きくくれているのは×。苗のさし込みは楽だが、水やりのときに株元から土が流れ出るので、水ごけなどで土留めの工夫を。

ストロベリーポット風の変わりコンテナで、ユニークないろいろな多肉植物を組み合わせて、造形美を楽しむ寄せ植えに。
✽多肉植物類、フェスツカ

草丈が同じくらいの組み合わせも、ポケットの段差でリズミカルなお花畑に。8ポケットタイプを使用。
✽パンジー、クリサンセマム・パルドサム

チャレンジ6 CHALLENGE!

ストロベリーポット

ブルーにペイントして、ちょっとシックなコンテナにイメージチェンジ。ヒヤシンスを主役に、パンジーの花色を変えて引き立て役に。
✽ヒヤシンス、パンジー

ストロベリーポットの植えつけ方のコツ

ストロベリーポットの植えつけで最も大切なのは、はっきり配置を決めてから始めること。配置を真上から見てイメージすると、全体のカラーも確認できます。

容器自体がシンメトリーなので、デザインもシンメトリーに。
✽コニファー、キンギョソウ、シロタエギク、スイートアリッサム

真上から配置を見た状態。ストロベリーポットの植え込みに慣れてきたら、真上から見た状態を地面に並べて配置。

ポケットの位置まで用土を入れて、すべてを仮置きして確認する方法は、特に初心者におすすめ。

76ページの寄せ植えを作ってみよう!

用意するもの

ヘリアンサス‘ゴールデンピラミッド’、ビオラ、ジニア、ヒメツルニチニチソウ、ストロベリーポット、培養土、鉢底土、鉢底ネット、割り箸など

簡単！作り方

1

植え込む前に、真上から見ながら苗を並べて配置を決める。

2

鉢穴に鉢底ネットを敷いて鉢底石を4～5㎝入れる。さらに用土をポットの底部まで入れる。

3

ビニールポットで作った巻きカバー（作り方183ページ参照）を根鉢に巻いて、根を傷めないようにポケット口からさし込む。

4

ビニールポットの巻きカバーは、コンテナの内側からはずしてとる。

5

苗をそれぞれのポケットに、3～4と同様の手順でさし込む。

6

株を内側から支えてポケットから土を入れて安定させ、上部に苗を植える高さまで用土を足す。苗を置いて高さの確認を!

7

上部の苗をすべて配し、株のすき間に土を足し入れる。割り箸などで土を突ついて、すき間ができたら、さらに土を足し入れる。

8

植え終わったら、水やりを。コンテナの上からだけなく、各ポケットにもそれぞれたっぷりと与える。

9

でき上がったら、日陰に2～3日置いて管理し、徐々に直射日光に慣らす。コンテナの向きをときどき変えるとバランスよく育つ。

チャレンジ7 CHALLENGE!

サンドプランター

スタンド仕立てで楽しむ

砂を固めて作った浅い容器を、サンドプランターと呼んでいます。鉢底が丸く、普通のコンテナのように平らではないので、スタンドにのせて利用します。立体的なコンテナガーデンを楽しみたいときにおすすめのコンテナです。スタンドの高さやデザインを変えると、いろいろな雰囲気が演出できます。

サフィニアを単植した寄せ植えと、ペアで左右に広がりをもたせたコーディネート。
✽ペンタス、ランタナ、ルリマツリ、プレクトランサス、ペチュニア、サフィニア

用意するもの

ペンタス、ランタナ、ルリマツリ、プレクトランサス、ペチュニア、サフィニア、サンドプランター（スタンドつき）、植え込み用スタンド、培養土、鉢底石

サンドプランターは深さがないので、平坦な植物だけだと貧弱なイメージになりがちです。コンテナの縁には垂れ下がる葉ものや茎を伸ばして花を咲かせる草花を組み合わせると、バランスのよい寄せ植えになります。さらにコンテナの中央をやや高く土を盛り上げて植えると、立体的な寄せ植えに。排水性がありながら適度に保水性もあるので、乾燥を好む植物がよく育ちます。

和風の植物をサンドプランターに植えて洋風にアレンジ。中央の土を高く盛り上げて植え込むと、より立体的に見える。

✽コスモス、キク、タマリュウ

サンドプランターに黒い吊り金具をつけて、吊り鉢として利用。華やかな花かごのような寄せ植えに。

✽ゼラニウム、アイビーゼラニウム、オリヅルラン

簡単！作り方

1

植え込みは低いスタンドにのせて作業を。鉢穴に鉢底ネットを置いて鉢底石を入れる。

2

用土を鉢の7〜8分目程度入れる。

3

草丈の高いペンタスをプランターの後方に配置し、前面から見てバランスのよい向きを決める。

4

ルリマツリとサフィニア、ペチュニア、ランタナ、プレクトランサスを順に植える。鉢縁の植物はやや外側に傾けて植える。

5

鉢土の乾燥を防ぐため、鉢土の表面に水ごけを敷き詰める。水ごけは水につけておき、軽く絞って使う。最後にたっぷり水やりを。

チャレンジ8 CHALLENGE!

トレリスを使って立体的に

トレリスとは、つる性の植物を絡ませるための格子垣のこと。最近では形状も素材もさまざまなタイプのものが出回っています。使い方はアイディアしだい。トレリスを立てて、立体的なコンテナガーデンを楽しんでみましょう。

ユーカリは茎がやわらかくしなだれやすいので、トレリスを立てて誘引すればすっきりとした樹形に。(花材と作り方は84ページ参照)

植物の雰囲気に合わせて選ぶ

繊細なイメージのアイアン製のものや木製の扇形トレリスなど、素材や形の雰囲気で都会的にも牧歌的にもなります。植物選びと同様に、寄せ植えのでき上がりをイメージしながら選びます。さらにコンテナの大きさや高さとのバランスも大切です。樹木の枯れ枝や竹、つる植物の枝などを組んだものを使うと、市販品とは一味違った趣のある寄せ植え作りが楽しめます。

クレマチスをアイアン製のトレリスに絡めて大人っぽく。最初は小型のものを使い、クレマチスが大きくなったら大きなトレリスを継ぎ足して二重使いに。
✽クレマチス、ミニバラ、アサギリソウ、ロベリア

野の花をイメージさせる草花を木の枝を組んだトレリスと組み合わせて、全体を牧歌的な雰囲気に。
✽クレマチス、ルリマツリ、ロベリア、フィカス・プミラ

背景の茶色のトレリスに、シルバーの葉色のユーカリとユリオプスデージー、真っ赤なポインセチアが際立つクリスマス用のコンテナ。
✽ユーカリ、ポインセチア、ユリオプスデージー

チャレンジ8 CHALLENGE!
トレリスを使って立体的に

82ページの寄せ植えを作ってみよう!

用意するもの

ユーカリ、パキスタキス・ルテア、サルビア・スプレンデンス、四季咲きベゴニア、トレリス、木製コンテナ、培養土、鉢底石、水ごけ、緩効性化成肥料

簡単！作り方

1

コンテナの後方にユーカリを配置し、用土を入れる。

2

ユーカリの根鉢の高さに合わせてユーカリの左右にパキスタキスを植える。

3

次にパキスタキスの前に、4色のサルビアをバランスよく配置して植え、さらにコンテナの手前に四季咲きベゴニアを植える。

4

株間やコンテナのきわに用土を足して、すき間のないようにしっかりと入れる。

5

さらに棒などで株間を突ついて、土が沈んだ場所には用土を足す。

6

ユーカリの株元から離して、緩効性の化成肥料を施す。

7

鉢土の表面全体に、乾燥を防ぐために湿らせた水ごけを敷き詰める。

8

トレリスを、ユーカリの根鉢とコンテナの間にまっすぐにさして立てる。

9

ユーカリの枝をトレリスにバランスよく絡ませて、ビニールタイで数カ所を固定する。

10

ユーカリの不要な枝や込み合った枝は、枝のつけ根からハサミで切りとる。

11

でき上がったら、コンテナ全体に行き渡るようにたっぷりと水やりする。2～3日、日陰に置いてから、徐々に直射日光に慣らす。

チャレンジ9 CHALLENGE!

コンテナをペイントしてイメージチェンジ！

寄せ植え作りに慣れてくると、使うコンテナにもこだわりが出てきます。イメージどおりのものが見つからないときは、手持ちのコンテナを好みの色にペイントして、オリジナルコンテナを作ってみては？　汚れて見た目が悪くなったコンテナや、飽きてしまった鉢も同様にイメージチェンジを！

左右のコンテナはまったく同じもの。右のコンテナは素焼きの色に合わせてナチュラルに、左のペイントしたコンテナは都会的に。

＊右：ゼラニウム、オキザリス、カレックス、カスミソウ
左：コニファー、モクビャッコウ、シクラメン、フィカス・プミラ

ホームセンターなどの塗料コーナーには、たくさんの塗料が並んでいます。家の外装用のほかにも、最近ではガーデニング専用の塗料も並び、色も豊富になりました。

塗料には大きく分けて、油性と水性の2つのタイプがあります。油性は通気性がないのでプラスチック製のものに、素焼き鉢や木製のコンテナには、乾いても通気性をそこなわない水性のものを使います。水性は乾くと耐水性になるので、使い終わったハケは乾かないうちに水洗いを。イラストや文字を描く場合は、色数の多い絵画用のアクリル絵の具がおすすめです。

両面づかいは縦幅がやや広めのものが植えやすい。
✽ パンジー、ビオラ、ツルニチニチソウ、ハナビシソウ

全体の花をピンクで統一。
✽ ペチュニア、リナリア・マロッカナ、チューリップ、ミムラス、ラミウム

表と裏で色を変えて両面づかいに

コンテナの表側と裏側でラインの色を変え、ラインの色に合わせて花を選びます。同じコンテナの表と裏でまったく違った雰囲気に。ひとつのコンテナで2個分楽しめてお得です。白のラインを入れた側には淡い花色を合わせて優しいイメージに、赤いライン側はラブリーなピンク色で統一。

用意するもの

素焼き鉢、水性塗料(ガーデニング用)、ハケ、ビニールシート、ブロックなどの台

簡単！作り方

1

作業場所にシートを敷き、水性塗料をハケを使って側面に塗っていく。

2

鉢の縁や内側のウオータースペース部分も忘れずに塗る。鉢の内側を塗るときは、レンガやブロックなどを台にすると塗りやすい。

3

塗料が乾いたら、でき上がり。1回塗りで薄い場合は重ね塗りをして調節する。

チャレンジ10 CHALLENGE!

コニファーのスタンダード仕立て

樹木は、剪定して好みの形に仕立てることができます。ここで紹介するスタンダード仕立ては、株元のスペースがあくので寄せ植え全体のバランスがとりやすく、1本あると重宝します。下枝の枯れたコニファーなどを使って、仕立ててみましょう。

足元が大きくあくコニファーのスタンダード仕立ては、株元のアレンジしだいでいろいろな雰囲気の寄せ植え作りが楽しめる。
✽コニファー、マリーゴールド、ヘリクリサム・ペティオラレ

コニファーの中でも仕立てやすいのはゴールドクレストです。コニファーは金けを嫌うので、ハサミで刈り込んだあと、手で芽を摘みとって形を整えていきます。ハサミで切った部分は茶色に変わりますが、新芽が出れば目立たなくなります。

仕立てる前の株。下枝が枯れ上がりバランスが悪くなってしまったもの。

剪定して仕立てた直後。2～3年後には、さらに形のよい樹形に。

用意するもの

ハサミ（上は植木バサミ、下は太い枝も剪定できる剪定バサミ）

簡単！作り方

1

鉢の高さの2～3倍程度に球形ができるように、バランスを見ながら枝を落とす位置を決める。

2

剪定バサミを使って、余分な下枝をつけ根からすべて切りとる。

3

幹の先端部分を、剪定バサミで切りとる。

4

植木バサミにかえて、全体のバランスを見ながら丸い形に刈り込んでいく。

5

全体がこんもりとした形になるように、枝と枝の間隔があいている部分は内側の葉先を切って芽吹きを促す。

6

基本形のでき上がり。あとは時間をかけて形のよいスタンダード仕立てに仕上げていく。全体のバランスを見ながら、株元に草花を寄せ植えして楽しみたい。

芽摘みはまめに

新しく芽が伸びてきたら、枝先を2～3㎝指で摘みとり、形を整えます。まめに芽摘みをすると枝数がふえて、早くこんもりとした樹形になります。

チャレンジ11 CHALLENGE! 多肉植物を使ってみよう

多肉植物は、変化に富んだ姿形のものが多く、独特の魅力があります。生長がゆっくりなので、長期間姿が乱れることがなく、管理も手間なし。個性的な形や色を組み合わせて、アート感覚で楽しんで。

多肉植物の魅力を引き出すには、器にもこだわって。園芸用のコンテナだけでなく、気に入った色や形の器に合わせて組み合わせれば、室内のインテリアとしても楽しめます。多肉植物は乾燥に強く丈夫ですが、明るい場所に置いてできるだけ日光に当てて管理をします。

浅いコンテナにいろいろな多肉植物を使って、ディッシュガーデン風の寄せ植えに。丸太の切り株にのせて、飾り方もおしゃれに。
✽多肉植物類

骨董の器に植えて、オリエンタルな雰囲気のコーナーに。シルバー系でまとめた葉色が、器の藍色の絵柄によく似合う。
✽ビアホップ、クラッスラ、カランコエ・プミラなど

Lesson5

寄せ植えで人気の植物カタログ

解説・富屋　均（株式会社ボタニクス）

このカタログは、寄せ植えのための植物選びガイドです。初心者でも扱いやすい116種の植物について、性質と寄せ植えでじょうずに使うコツを解説します。

カタログの読み方と注意点

★カテゴリー分けについて

植物の組み合わせを考えるときにいちばん大事なことは、開花がそろうということです。このカタログでは開花時期と期間によって、大きく6つのグループに分けて、さらに葉もの、コニファー類をまとめて紹介しています。

★開花時期と草丈について

開花時期は、中部地方（名古屋市周辺）を基準にしています。自宅との地域差を考慮して参考にしてください。草丈の「●〜○cm」は●が開花株として売られている最低の高さを、○はコンテナで育てた場合の上限を示します。

★草姿マークについて

植物が大きく育ったときの形状を、シルエットであらわしています。寄せ植え全体のデザインや、植え込むときの配置の参考にしてください。同じ植物でも種類や品種によって異なる場合もあるので、購入するときに確認を。

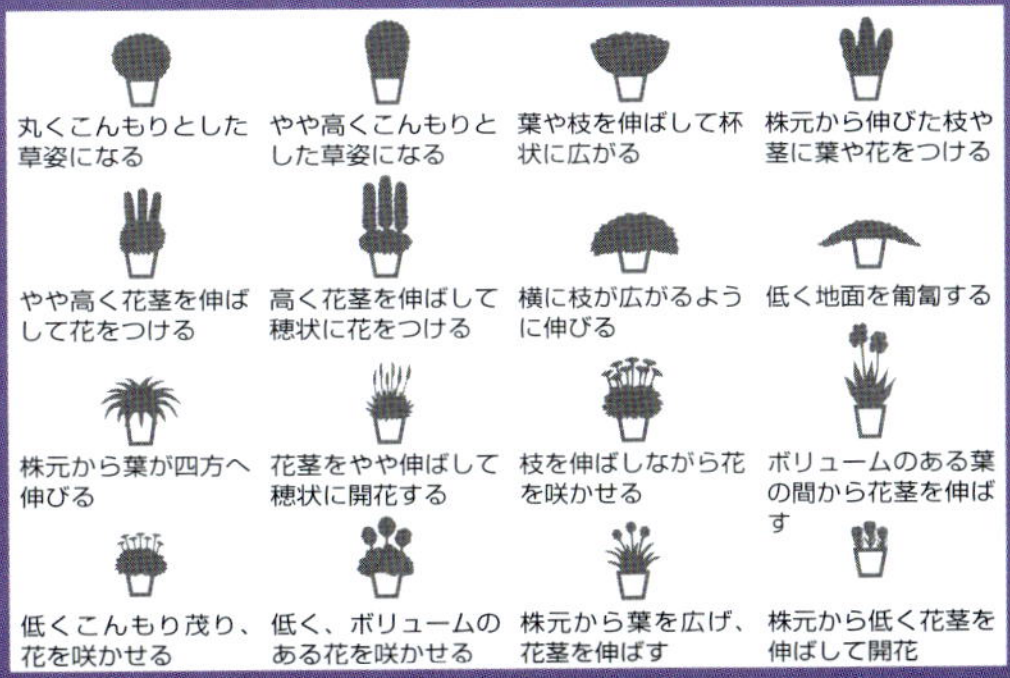
丸くこんもりとした草姿になる
やや高くこんもりとした草姿になる
葉や枝を伸ばして杯状に広がる
株元から伸びた枝や茎に葉や花をつける
やや高く花茎を伸ばして花をつける
高く花茎を伸ばして穂状に花をつける
横に枝が広がるように伸びる
低く地面を匍匐する
株元から葉が四方へ伸びる
花茎をやや伸ばして穂状に開花する
枝を伸ばしながら花を咲かせる
ボリュームのある葉の間から花茎を伸ばす
低くこんもり茂り、花を咲かせる
低く、ボリュームのある花を咲かせる
株元から葉を広げ、花茎を伸ばす
株元から低く花茎を伸ばして開花

★植物選びのヒント

★マークで示した植物は、寄せ植えで組み合わせるのに相性のよい植物です。「単植がおすすめ」とあるものは色違いを組み合わせたり、短期間楽しむ寄せ植えや、単植にして、ほかのコンテナとの組み合わせで楽しむのに向いています。

冬から春にかけて咲き続ける花

[パンジー、ビオラ]

スミレ科／一年草
開花時期／11～6月
草丈／7～30cm

★スイートアリッサム、ストック、ハボタン

多くの色彩をもち、開花期がいちばん長い、丈夫な草花。花の大きさでパンジーとビオラに分けられるが、品種改良が進み、両者の性質の差はなくなりつつある。どちらかといえばビオラのほうが耐暑性が強く、春遅くまで咲きやすい。パンジーの大輪系は冬に花が少ない傾向にあり、冬も十分咲かせたいなら中小輪系を選ぶ。10月に出回る苗は軟弱なものが多いので、あわてずに11月に入ってから苗を求めたい。

[エリカ]

ツツジ科／常緑低木
開花時期／11〜4月
樹高／20〜150cm

★パンジー、ビオラ、シロタエギク

多くの種類があり、開花時期や耐寒性が微妙に違う。11月ごろ出回るジャノメエリカは、色は比較的地味だが耐寒性も強く使いやすい。大きなものはコンテナの主木として、丈の低いものはバスケットに向く。花がこまかく、びっしりとつく‘アワユキ’や、花が穂状の‘クリスマスパレード’などがある。

[ガーデンシクラメン]

サクラソウ科／半耐寒性球根
開花時期／10〜5月
草丈／15cm

★プリムラ・ジュリアン、スイートアリッサム、エリカ類

ミニシクラメンの中から耐寒性の強いものを選抜したものがガーデンシクラメン。耐寒性が強いといっても、直接霜の当たる場所では、枯れなくても、花が傷んだり次の花が上がりにくくなる。やはり玄関先や軒下に飾るのがベスト。10月ごろのまだ暑いうちの水やりは根元にかけないようにして株を腐らせないよう注意する。

[クリサンセマム・パルドサム]

キク科／一年草
開花時期／12～6月
草丈／7～30cm

★チューリップ、パンジー、リナリア

12月から6月上旬まで厳寒期を除けば咲き続ける非常に強健な植物で、手間がかからない。徒長しすぎた苗は、刈り込んで整える。回復は早い。‘スノーランド’という品種は普通種より大輪で、草姿がコンパクトにまとまる。花が上を向いて咲くので、バスケットの上部に植えると見ばえがしない。

[クリスマスローズ]

キンポウゲ科／多年草
開花時期／3～4月
草丈／15～40cm

★スイートアリッサム、ミニスイセン、原種系チューリップ

最近多くの品種が入手できるようになり、黄、濃紫、緑などの花色も加わり人気が高い。日本では早春咲きのオリエンタリス種がいちばん丈夫。早咲き花のニゲル種は枯れやすい。シックな色合いは寄せ植えに使いやすく、開花株を求めて寄せ植えを楽しんだら、大鉢に上げて半日陰で管理する。小苗を植えると2～3年は花をつけにくい。

[クロッカス]

アヤメ科／秋植え球根
開花時期／2～3月
草丈／7～10cm
★単植がおすすめ

まだまだ寒くても、この花が咲きだすと春がやってきたと実感できる。咲き始めから終わりまで2週間と短く、開花後は寒い場所に置いたほうが長もちする。10月に球根を植えるか、春につぼみつきの苗を求める。黄色系の品種はやや早咲きなので、混植する場合は品種ごとにまとめて植えずに完全に混ぜたほうがよい。

[スイセン]

ヒガンバナ科／秋植え球根
開花時期／3～4月上旬
草丈／15～50cm
★パンジー、ビオラ、スイートアリッサム

品種により開花時期、草丈などに差があり、大杯、ラッパ、房咲きなど、多くの系統に分かれる。小鉢への寄せ植えには丈の高くならない系統がよい。開花後は寒い場所に置いたほうが長もちする。そのため、1～2月に出回る室内鉢物は意外と花が長くもつ。球根は10月に植え込む。

[ストック]

アブラナ科／一年草
開花時期／11〜4月
草丈／10〜60cm

★ビオラ、シロタエギク、
スイートアリッサム

甘い香りとクリアな花色が魅力。12月までに花つきの苗を求めると、寒さのために開花がゆっくりと進み、春まで楽しめる。つぼみのかたい苗の開花は翌春になる。長く花を楽しむには、分岐性のよい品種を選ぶ。バスケットやコンテナには矮性の品種が向く。排水のよい土で水ぎれさせないよう管理すること。

[ハボタン]

アブラナ科／一年草
観賞時期／11〜4月
草丈／15〜80cm

★パンジー、ビオラ、ストック

お正月に欠かせない和風の素材。洋風の草花と組み合わせる場合は、切れ葉タイプの‘サンゴ’や‘くじゃく’という品種がよく合う。また、背の高くなる切り花系を使ってもおもしろい。一度植えると向きが変わらないので、観賞する角度から見て面に見えるよう高さをうまく調節して植え込む。春までおいて花を咲かせることもできる。

[ヒヤシンス]

ユリ科／秋植え球根
開花時期／3月
草丈／15〜20cm

★スイートアリッサム、ビオラ

春の香りを一面に漂わせる球根植物。強い雨に当てると穂が倒れやすいので、軒下などに置く。球根の植えつけは10月までにすませる。春先には、穂が伸びかけたポット苗を求めてもよい。花穂や葉が思いのほか大きくなるので、ほかの植物との混植の場合は、株間を十分にとる。クロッカスも同様だが、水栽培には大球を使用する。

[プリムラ・ジュリアン]

サクラソウ科／多年草
開花時期／12〜4月
草丈／5〜15cm

★シロタエギク、スイートアリッサム、ビオラ

ほとんどの色がそろうカラフルな小型の草花。バラ咲きや八重咲きのものもある。大型のポリアンサよりも寒さに強いが、温室で高い温度で育苗されたものは、急に寒さに当てると弱る。置き場所はよく日の当たる軒下がベスト。部屋の中に入れると、一度に徒長してしまい花が終わる。次から次につぼみが上がってくるので、こまめに花がら摘みを。

[プリムラ・マラコイデス]

サクラソウ科／一年草
開花時期／12～4月
草丈／15～30cm

★リナリア、プリムラ・ジュリアン、
スイートアリッサム

戸外でも2月から咲き始める‘うぐいす’という品種は、花色はやや鮮明さに欠けるが雨にも強く強健でおすすめ。4月の満開時はみごとで、こぼれダネでふえる。従来の品種は寒さには弱いが、花色が鮮明でコンパクトにまとまるものが多い。中には葉がふれるとかぶれる人もいるが、オブコニカほどではない。

[ボロニア]

ミカン科／常緑低木
開花時期／2～4月
樹高／20～80cm

★プリムラ・ジュリアン、オステオスペルマム、
パンジー

寒さにはあまり強くないが色彩は強烈で、プリムラ・ジュリアンなどの原色系の花色のものと組み合わせるとおもしろい。3～4月に咲くボロニア・ピナータという種類は横張り性が強く、淡いピンクの星状の花を多くつけ、バスケットに植えるとふんわりとして花いっぱいの作品ができ上がる。

華やかに春から初夏へ咲き誇る花

[チューリップ]

ユリ科／秋植え球根
開花時期／4月
草丈／15～60㎝
★パンジー、ビオラ、ワスレナグサ

種類も品種も多く、開花時期はそれぞれ異なる。球根の状態で複数の品種を混植して開花を合わせるのは難しいが、ユリ咲き系のものは比較的開花がそろいやすい。花期は通常10日ぐらいなので、ほかの草花と混植したい。花が終われば球根ごと抜いてもよい。比較的丈の高い植物と混植すると、葉が見えずに茎だけが飛び出しておもしろい。

[アイスランドポピー]

ケシ科／一年草
開花時期／3〜5月
草丈／15〜60cm
★スイートアリッサム、バコパ

色彩がひときわ明るく人目をひきやすい。風にそよぐ姿は優雅だが、強風に当てると花びらが飛び、株も弱ってしまう。根張りがよいので、大きめのコンテナに密植を避けて、水はけのよい用土で植える。コンテナには草丈の低い‘カクテル’という品種がおすすめ。秋から春先に苗を求めて植えるか、春に開花株を購入する。

[アネモネ]

キンポウゲ科／秋植え球根
開花時期／3〜5月
草丈／15〜40cm
★ブルーデージー、オステオスペルマム、
パンジー

春の球根植物としては花期が長く、日だまりに置いて肥料をきらさないようにすると、次から次に花が上がってくる。秋に球根を植えつけるか、冬から春に出回るポット苗を購入する。草丈が高くなるのでバスケットには不向き。

[カルセオラリア]

ゴマノハグサ科／一年草
開花時期／3〜6月
草丈／15〜50cm

★リナリア、ヘリオトロープ、ブルーデージー

戸外では、雨に比較的強い黄色のミダスなどの品種を4月初旬から5月にかけて植える。春先に丈が高くなる黄色の花は意外と少なく、貴重である。紫色のヘリオトロープとの組み合わせはベストマッチング。ミダスより早く出回る大輪のグランディフローラ系は、寒さや雨に弱いので室内で楽しむ。

[クリサンセマム・ムルチコーレ]

キク科／一年草
開花時期／3〜6月
草丈／7〜15cm

★ネモフィラ、ネメシア、ビオラ

寒さには弱いので3月になってから植える。パルドサムにくらべると性質はやや弱く、水はけの悪い土では立ち枯れすることがあるので注意したい。苗を購入するときは、葉が縮れているものや傷んでいるものは避ける。花径が小さいので、大輪の花と組み合わせるより、小輪のビオラなどとよく合う。'ムーンライト'はパステル系の組み合わせによい。

[四季咲きナデシコ]

ナデシコ科／一年草または多年草
開花時期／3～7月、9～12月
草丈／10～60cm

★キンギョソウ、ペチュニア、バーベナ

改良されて四季咲き性が強くなっているが、本来の特性を発揮するのは、やはり5月。暑くなると蒸れやすいので、花が終わったら早めに切り戻すとまた花が上がってくる。セキチク系で花色のあでやかな'スーパーパフェ'、比較的丈の低い'テルスター'や'ベルフィー'、丈の高くなる'フォトン'など、目的に合わせて多くの品種から選べる。

[スイートアリッサム]

アブラナ科／一年草
開花時期／11～6月
草丈／3～15cm

★パンジー、デージー、ワスレナグサ

水がきれると花が散って株が急速に弱る。アブラナ科の植物につきやすい害虫コナガにも要注意。苗を求めるときは根元がぐらつかない株を選ぶ。花が終わったら切り戻すと、忘れたころに咲いてくるので長い間楽しめる。寄せ植えで困ったときには、この花を添えてみるとうまくいくことが多い。特に白い花は何にでも合わせやすい。パステル系の花色は同様のパンジーなどともよく合う。

[ゼラニウム]

フウロソウ科／多年草
開花時期／3～6月、10～11月
草丈／15～60㎝

★ペチュニア、スイートアリッサム、ロベリア

非常に丈夫なコンテナの定番植物。実生系の一重咲きの品種が多く出回っているが、栄養繁殖系の品種にもよいものがある。真夏を除いてほぼ周年入手が可能。長雨には弱いので、雨を避けられる場所なら、いっそう真価を発揮する。つる性のアイビーゼラニウムは暑さや雨にやや弱いが、垂れ下がって咲くのが魅力的。

[デージー]

キク科／一年草
開花時期／3～5月
草丈／7～20㎝

★ビオラ、リナリア、ボロニア

昔は春の花といえばパンジーとデージーであったが、いまやパンジーほど人気はない。花色が少なく色調が地味、耐寒性が低い、暑さに弱いなどがその理由だが、もう一度デージーを見直してみたい。特に小輪のポンポン咲きの品種は繊細で色もよく、紫系のビオラなどと組み合わせるとシックな春の装いを演出できる。

[ディモルフォセカ]

キク科／一年草または多年草
開花時期／3～6月、10～11月
草丈／10～30cm

★ブルーデージー、ボロニア、キンセンカ

一年草のオレンジ系の花は、3月ごろから開花株が店頭に並ぶが、徒長ぎみのものが多いので注意。茎は倒れやすく、寒さに当たると弱る。多年草の白やピンクの花は別種のオステオスペルマムで、こちらは寒さに強く、使いやすい。斑入り葉も美しい。日が当たらないとつぼみが閉じてしまうのが欠点だが、終日咲きの品種もある。

[ナスタチウム]

ノウゼンハレン科／一年草
開花時期／4～7月
草丈／15～30cm

★ロベリア、ヘリクリサム・ペティオラレ、マリーゴールド

品種によりつるがよく伸びるものと、コンパクトで花が葉の上に出やすいものがあり、用途により使い分ける。暖地では夏は咲かないので、4月に開花株を入手して春に咲かせるとよい。徒長した苗はバスケットにほかの植物に添えて植えるとうまくおさまる。窒素肥料や水分を多く与えると、葉ばかり茂るので控えめにする。

[ニゲラ]

キンポウゲ科／一年草
開花時期／5～6月
草丈／40～90㎝
★シナワスレナグサ、デルフィニウム

クロタネソウともいい、淡い色彩がふんわりとして美しい。品種としては矮性の‘ペンシャンジュエル’が使いやすい。切り花としては多く作られているが、苗の販売はあまり多くない。肥料分は少なめにし、過湿にならないよう管理する。花数はやや少ないが、ナチュラルなコンテナのアレンジによく似合う。

[ネモフィラ]

ハゼリソウ科／一年草
開花時期／4～5月
草丈／7～15㎝
★クリサンセマム・ムルチコーレ、リナリア、ネメシア

コンテナの縁に植えると45～50㎝も垂れ下がる。背の低い容器では地面にすってしまうほどに伸びる。温度が高いハウスで育ったものは、徒長して花つきも少ない。開花時期にはなかなかよい苗が手に入らないので、春先によく締まった苗を入手するとよい。霜に弱いのでよく日の当たる軒先に置く。

[フクシア]

アカバナ科／多年草
開花時期／3～6月、10～11月
草丈／20～70㎝

★ナスタチウム、ヘリクリサム・ペティオラレ、ロベリア

本来は夏の花だが、低温にも強く、3月末から6月にかけて使える。暑くなると極端に弱り、夏越しが難しい。花が垂れ下がるので春のバスケットの必需品。スタンダードに仕立てたものはコンテナの中心にも使える。立ち性や下垂性など多くの品種があるが、赤花銅葉のトリフィラ種は暑さにも比較的強い。植えるときに枝が裂けやすいので注意。

[ブラキカム]

キク科／一年草または多年草
開花時期／4～6月、10～11月
草丈／10～45㎝

★ラミウム、マトリカリア、スイートアリッサム

多くの種類があるが、一年草のイベリディフォリアは立ち上がって伸び、紫、空色、白などの花色がある。ムルチフィダは藤色、桃、黄色、レモン色などで垂れ下がる。品種により強さがかなり違う。立ち性のものはコンテナに、垂れ下がるタイプは、バスケットやコンテナの縁の部分に向く。水はけのよい土で育て、冬は軒下で管理する。

[フリージア]

アヤメ科／秋植え球根
開花時期／3～5月
草丈／20～50cm

★プリムラ・ジュリアン、ボロニア、
プリムラ・マラコイデス‘うぐいす’

寒さにあうと花が傷むので、11月ごろから出回る温室物は室内で観賞するが、低温で管理し、よく日に当てないと1週間ほどで花が終わってしまう。じょうずに管理すれば花期も比較的長い。秋に球根をバスケットに直接植え込み、サンルームなどの霜の当たらない場所に置くと、春には甘い香り漂うバスケットが楽しめる。

[ブルーデージー]

キク科／多年草
開花時期／3～6月、10～11月
草丈／10～30cm

★オステオスペルマム、シロタエギク、マーガレット

花首がやや長めの清楚なイメージの花。2月ごろから鉢物が出回るが、比較的寒さにも強く使いやすい。白花や斑入り葉もあり、人気が高い。小型のマーガレットなどと組み合わせるとナチュラルなアレンジができる。低温期の過湿は立ち枯れしやすいので注意する。

[ベニジウム]

キク科／一年草
開花時期／3～6月
草丈／20～40cm

★クリサンセマム・パルドサム、ネモフィラ、クリサンセマム・ムルチコーレ

寒咲きジャノメギクの別名があり、暖地では冬も花をつける。葉には切れ込みがあり、白い毛でおおわれる。非常に丈夫だが、日当たりが悪いと花数は少なくなる。使い方によっては和風、洋風のどちらにも合うが、丈が高くなるのでバスケットには向かない。

[マーガレット]

キク科／多年草
開花時期／3～6月
草丈／15～60cm

★ペチュニア、ラミウム、ブラキカム

白花は清楚でどんな植物とも合わせやすい。組み合わせる植物により、ナチュラルにも華やかな感じにもなる。葉がやや銀色で花が小さなタイプは多花性で、バスケットにも向く。黄花や桃花、八重咲きもある。6月まで咲き続けるのでこまめに花がらを摘む。

[マトリカリア]

キク科／一年草
開花時期／3〜7月
草丈／7〜70cm

★キンギョソウ、ペチュニア、スイートアリッサム

ナツシロギクともいい本来は初夏の花であるが、2月ごろから出回る。比較的寒さに強いので、3月上旬ごろからなら戸外でも使える。高性種はコンテナに、矮性種はバスケットにもよい。黄金マトリカリアはハーブの専門店などで入手できるが、葉がライム色でブルー系の花とよく合う。ピンクや薄紫の優しい花色ともよく似合う。

[ミムラス]

ゴマノハグサ科／一年草
開花時期／4〜6月
草丈／7〜25cm

★バコパ、スイートアリッサム、アゲラタム

強い雨に当てると花が落ちやすいが、しばらくすると回復する。バスケットに単植すると、みごとな球形になる。黄色は特に鮮やかだが、くすんだピンクや赤も、組み合わせによっては花色が生きる。4月中旬から花つきのポット苗が出回る。ひととおり花が終わったら、切り戻すとまた咲いてくる。

[ムスカリ]

ユリ科／秋植え球根
開花時期／3〜4月
草丈／10〜15cm

★チューリップ、パンジー、スイートアリッサム

丈夫な春の球根植物で種類も多い。青花はアルメニアカム、白花はボトリオイデス系の‘アルバ’がよく使われる。あまり早くから植えると葉が長くなりすぎるので、10月下旬から11月にかけて植える。開花期が合うのでチューリップとの混植がおすすめ。早咲きの品種は2〜3月にポット苗で販売されるので、これを使って寄せ植えも楽しめる。花が終わって植えっぱなしにしておいても翌年も咲く。

[ユリオプスデージー]

キク科／多年草
開花時期／3〜6月、11〜12月
草丈／60〜80cm

★エリカ、ギョリュウバイ、スイートアリッサム

鮮やかな黄色が美しく、寒さにも強い丈夫な花。茎は木質化する。買ったばかりの鉢ものは草丈も低く花数も少ないが、1年たって大株になると花がびっしりとつく。夏に刈り込むと、面になってそろって咲く。根の生育が旺盛で、長い間小鉢に植えたままにしておくと弱る。根が大きいので、密植型の寄せ植えには不向き。

[ラナンキュラス]

キンポウゲ科／秋植え球根
開花時期／3～5月
草丈／20～60cm
★大輪パンジー、バコパ、ツルニチニチソウ

色彩が豊かでボリューム満点の派手な花。春早くから出回るが、寒さには弱く、露地では4月下旬から花が咲く。存在感が強烈で、ほかの植物との混植より色違いの組み合わせのほうが無難。ただし、淡い色の品種は混植にも使えるが、あまり繊細な花との組み合わせはやめたほうがよい。バスケットには丈が高いので不向き。

[リナリア]

ゴマノハグサ科／一年草
開花時期／3～5月
草丈／15～30cm
★クリサンセマム・ムルチコーレ、ネモフィラ、クリサンセマム・パルドサム

本来は野性味が強く非常に丈夫で、露地では5月に咲くが、最近は3月のまだ寒いころビニールハウスで開花させた軟弱な株が多く出回り、人気が低迷している。早くとも4月になってから、花の咲きすぎていない締まった株を買い求めたい。タネから育てるなら混合の‘フェアリーブーケ’がパステル系の複色種を多く含みおすすめ。

[ローズマリー]

シソ科／常緑低木
開花時期／11～4月
樹高／10～120cm
★単植がおすすめ

非常に丈夫な常緑のハーブで、葉が強い香りを放ち、冬から春の長い期間花をつける。多くの品種があり、直立型、ブッシュ型、這う性質のものや、花色は薄紫が基本で、白や桃の花もある。乾燥を好むので水はけの悪い土は避けて植え、日当たりのよい場所に置く。根の生育が旺盛で、ほかの植物との混植は避けたほうが無難。

[ワスレナグサ]

ムラサキ科／一年草
開花時期／4～5月
草丈／10～30cm
★チューリップ、マーガレット、ビオラ

いたって丈夫な花だが、植え込みのときに土をくずして根を傷めると短命に終わる。購入時に葉先が茶色く変色したものは、根が傷んでいる心配があるので避ける。自然開花は4月上旬～中旬からで、3月に苗を求めて植え込む。ブルーの花は赤や黄色のチューリップ、白のマーガレットなどとベストマッチング。

晩春から初夏に咲く さわやかな花

[アジサイ]

ユキノシタ科／落葉花木
開花時期／3～7月
樹高／25～80㎝
★ヘデラ、ツデー、マーガレット

最近では鉢植えで出回る品種がふえたので使いやすくなったが、管理が意外と難しい。少し乾燥しただけですぐしおれ、水をやりすぎると腐りやすい。慣れるまでは目を離さないようにする。寄せ植えには大型のコンテナを用い、十分な株間をとることが大切。草花とも、観葉植物とも合わせやすい。

[アガパンサス]

ユリ科／多年草
開花時期／6～7月
草丈／60～150㎝
★単植がおすすめ

初夏に咲く涼しげなブルーの花は印象的。非常に強健で根の張りがよいので、ほかの植物と混植せず単独で植えたほうがよい。大型のテラコッタなどに植えて3～4年据え置き、生育が悪くなったら新しい土に植えかえる。冬は地上部が枯れる品種も多い。白花種など多くの品種があるが、丈夫なのは在来のブルーの大型種で、品種名はついていない。

[オダマキ]

キンポウゲ科／一年草または多年草
開花時期／5〜6月
草丈／15〜70cm

★カンパニュラ類、ギボウシ類

実に多くの品種があり、丈が高くにぎやかな色彩の交配種から、矮性で落ち着いた趣のミヤマオダマキなどがある。花期は比較的短いが、洋風にも和風にもアレンジしやすく、短期間アレンジメント的に寄せ植えを楽しむ素材。苗はあまり出回っていないので、開花株を求めてそのまま使用する。

[カスミソウ]

ナデシコ科／一年草または多年草
開花時期／5〜11月
草丈／25〜100cm

★オトメギキョウ、キンギョソウ、ネメシア

高性の宿根カスミソウや一年生の種類は切り花向きで、寄せ植えには背が低くこんもりと茂るムラリス系の品種が多く使われる。淡いピンクの花で四季咲き性の強い八重咲きの'ジプシー'や一重咲きの'ガーデンブライト'がある。こぼれダネでひとり生えするほど丈夫で秋にも咲く。花は小粒でどちらかといえば地味なので主役の花に添えて、コンテナの縁からあふれさせるとよい。

[カンパニュラ・メディウム]

キキョウ科／一～二年草
開花時期／5～6月
草丈／25～100cm
★シナワスレナグサ、デルフィニウム、高性マトリカリア

フウリンソウとも呼ばれ、ボリューム感に富む晩春の花。春までポット苗が売られているが、秋に充実した株を定植すると大株になり、花数が増える。冬は軒下で管理する。大型のコンテナに腐葉土や堆肥を4割ほど混ぜて植える。丈が高くなるので支柱を立てる。花期は3～4週間。4～5月に出回る鉢植えの開花株は草丈が低く作ってある。

[ギボウシ]

ユリ科／多年草
開花時期／6～8月
草丈／10～100cm
★リシマキア・ヌンムラリア、ツボサンゴ、ヤブラン、ラミウム

和風にも洋風にも合い、葉も花も観賞できる。多くの種類があるが、大型のものはコンテナに向く。花期は短いが、種類により初夏に咲くものと夏に咲くものがある。葉やけや色あせを起こしやすい品種も多く、そういったものは半日陰に置く。秋からは葉が傷んで観賞価値がなくなり、冬に地上部が枯れる。

[キンギョソウ]

ゴマノハグサ科／一年草
開花時期／5～7月
草丈／15～80cm
★ダイアンサス、マリーゴールド、ラミウム

四季咲き性が強く、高さ20cmほどにしかならない‘フローラルシャワー’という品種が、花つきのポット苗でよく売られる。中高性種の開花株はあまり出回らないので、苗を春先に入手して植えつける。花が終わったあと、切り戻すと何度も咲く。過湿には弱く、水はけのよい土に植える。

[デルフィニウム]

キンポウゲ科／一年草または多年草
開花時期／5～7月
草丈／50～100cm
★マーガレット、バーベナ、インパチエンス

ゴージャスな花も、意外と簡単にコンテナで咲かせることができる。秋から冬に出回る充実した苗を求めて植えると、4月下旬には花穂が上がってくる。花が終わったら切り戻すと、夏にもう一度咲いてくれる。倒れないように支柱が必要。スプレー咲きのベラドンナ種や‘ブルーミラー’は一本立ちの品種にくらべ花が多く楽しめる。本来は多年草であるが、寒冷地以外では一年草として扱う。

[バラ]

バラ科／落葉花木
開花時期／5〜7月、10〜11月
樹高／15〜150cm

★単植がおすすめ

樹高20cm前後のミニチュアローズはコンテナやバスケットの寄せ植えに最適。次々に開花するので肥料をきらさず、伸びすぎたら切り戻す。普通のバラと同じように消毒は必要。ハイブリッド・ティー・ローズなど大型のバラは、コンテナに1本ずつ植えて栽培する。スタンダード仕立てにすると立体感が出ておもしろい。

[ラベンダー]

シソ科／常緑小低木
開花時期／6〜7月
樹高／30〜80cm

★イソトマ、シロタエギク

寒冷地では大型のコンテナに植え、すばらしい香りを楽しむことができる。暖地では植えてから2〜3年して株が元気に生長してきたころ、夏の蒸し暑さで根が傷み、枯れることが多いので注意。日当たりのよい乾燥した環境が必要。暖地では厳寒期を除けば一年じゅう開花する切れ葉系ラベンダー（デンタータ種）がおすすめ。

[ロベリア]

キキョウ科／一年草
または多年草
開花時期／4～6月
草丈／15～25cm
★ナスタチウム、マリーゴールド、ラミウム

徒長していない締まった苗を、花がつく前に植えると長もちする。用土は乾きにくいものを。梅雨時まで、インパチエンスやゼラニウムと組み合わせるとよい。垂れ下がるタイプはバスケットに最適。なかでも、‘ブルースター’や‘グランブルー’は日本の夏にも強い暖地向けのロベリアで、宿根するがやや花数は少ない。

[ルピナス]

マメ科／一～二年草または多年草
開花時期／5～6月
草丈／30～60cm
★シロタエギク、ラミウム、ダイコンソウ

多くの品種があるが、テキサス原産の‘ブルーボネット’は草丈20～30cmにしかならず、開花期も3～5月と長いので、コンテナには最適。濃桃色の品種もある。宿根系のラッセル種は秋まきでは開花しにくい。排水の悪い土では立ち枯れしやすい。直根性で植えかえを嫌う。

晩春から秋まで長く楽しめる花

[ペチュニア]

ナス科／一年草または多年草
開花時期／4〜11月
草丈／7〜30㎝
★フクシア、ブラキカム、ゼラニウム

花は雨に当たると落ちやすいが、小輪系の品種は回復が早い。サフィニアなどの垂れ下がるタイプはかなり思い切って切り戻しを繰り返さないと、株元の花がなくなる。長雨に当たったり、水がきれたりすると株がひどく傷み、夏には枯れてしまうこともある。'ミリオンベル' などのカリブラコア種はペチュニアの近縁種で、半耐寒性の半低木。管理はペチュニアに準じる。いずれも肥料をきらさないのがコツ。

[マリーゴールド]

キク科／一年草
開花時期／5～11月
草丈／10～80㎝

★アゲラタム、ジニア・リネアリス、
サルビア・ファリナセア

高性・大輪のアフリカン種、矮性・小輪のフレンチ種などがある。秋になると花数が多くなり、花色もさえ、ひとつの花が長い間咲くので、花がらがほとんど目立たなくなる。夏暑いところでは秋に使ったほうが真価を発揮する。乾燥するとハダニが発生する。窒素肥料や水が多すぎると葉ばかり茂るので、多肥を要求するものとは組み合わせない。

[アゲラタム]

キク科／一年草
開花時期／5～11月
草丈／7～30cm
★マリーゴールド、ベゴニア、ペチュニア

窒素肥料は極力控えめにしないと、葉ばかり茂ってなかなか思うように咲いてくれない。日当たりが悪くなると花つきも悪くなるので、丈が高くなるものとの混植は避ける。バスケットにも使用可能だが、水ぎれに弱いのであまりおすすめできない。コンテナの縁に使うとよい。特にマリーゴールドとの組み合わせは色彩的にも、ぴったり合う。

[インパチエンス]

ツリフネソウ科／一年草
開花時期／5～11月
草丈／10～30cm
★ロベリア、グレコマ、フクシア

丈夫で育てやすく、バスケットにもコンテナにも最高の花。最近の品種は耐暑性の強いものも出てきたが、夏は日中の日ざしをさえぎる北側に置く。1株がかなり大きくなるので、ほかの植物との寄せ植えには注意する。赤から白の中で20色ほどがあり、微妙な色の違いを使い分けるのがコツ。

[コリウス]

シソ科／一年草
観賞時期／5～11月
草丈／7～60cm

★ベゴニア、テランセラ、ジニア‘プロフュージョン’

花よりも葉を観賞する。4月初めから苗が出回るが、5月になって暖かくなってから植える。条件がよいと伸びすぎるので、ほかの植物と混植の場合は早め早めに切り戻す。草丈が50cm以上になるものや個性的な模様をもつものなどは挿し芽でふやされて販売されるが、夏の発色にはかなり差がある。

[サルビア・スプレンデンス]

シソ科／一年草
開花時期／5～11月
草丈／10～80cm

★マリーゴールド、アゲラタム、サンビタリア

赤系の品種が暑さに強いが、桃、白、紫、複色系は初夏のコンテナの彩りにおすすめ。花が終わって一度に穂を摘むと、2～3週間ぐらいは新しい穂が上がってこないので、花が終わった穂から順にこまめに花がら摘みを行う。夏は花の寿命が短く、株が弱りやすい。肥料がきれると衰弱する。

[サルビア・ファリナセア]

シソ科／一年草
開花時期／5～11月
草丈／10～90cm
★ベゴニア、アゲラタム、インパチエンス

ブルーサルビアという名前でも売られている。矮性の‘ストラータ’、中性の‘ビクトリア’、高性で暑さにも強い‘ブルーベッダー’などの品種がある。夏に弱りやすいので、乾燥させないよう注意する。弱りかけたら早めに切り戻すと秋に再び咲く。花が終わった穂は早めに摘みとる。気温が下がってくると花色が濃くなる。

[四季咲きベゴニア]

シュウカイドウ科／一年草または多年草
開花時期／5～11月
草丈／7～40cm
★ヘリクリサム・ペティオラレ、
ツルニチニチソウ、ヘデラ

昔からワイヤバスケットの定番植物で、5～6月に植え込めば、だれでも簡単にバスケットが楽しめる。水分が多いと葉ばかり茂るので、よく日に当てて乾かしぎみに管理を。銅葉八重咲きの‘ダブレット’はコンペイ糖のような花がかわいく、耐暑性もある。カラーコーディネートには欠かせない。真夏に根元から腐りやすいので、茂りすぎたら8月上旬までに一度切り戻す。

[ジニア・リネアリス]

キク科／一年草
開花時期／5〜11月
草丈／10〜50cm
★サルビア・ファリナセア、ランタナ

放置すると伸びすぎて倒れやすくなるが、茎が垂れぎみになる性質はバスケットに向く。夏まきして秋に咲かせたものは色もさえ、強い霜がおりるまで元気に咲き続ける。ヒャクニチソウとの交配種‘プロフュージョン’は花も大きく、夏の暑さにも強いのでおすすめ。ピンクの品種は夏に色あせしやすい。

[宿根バーベナ]

クマツヅラ科／多年草
開花時期／5〜10月
草丈／10〜30cm
★サルビア・スプレンデンス

‘タピアン’や‘レインボー’など横に這う品種が色も豊富で、あまり手間がかからない。コンテナではあふれんばかりに咲き誇る。‘花手毬’は生育旺盛で、水がきれやすいので注意する。この品種は吊り鉢にはよいが、バスケットでの混植はつるが伸びすぎてバランスをとりづらい。多くの品種は真夏は花を休むことが多い。秋はうどんこ病が出やすく、観賞期間は10月上旬まで。

[トレニア]

ゴマノハグサ科／一年草
開花時期／6～10月
草丈／10～30cm
★コリウス、ベゴニア

夏咲きの花としては可憐で、野草の趣もある。半日陰にも向くが、徒長しやすいのでときどき草丈を半分に切り詰めるとよい。コンテナの縁などに用いるが、バスケットではあまり成績がよくない。やや湿りぎみの用土を好み、乾燥させると株が極端に弱り、回復しなくなる。気温が下がってくる10月後半には元気がなくなる。

[バコパ]

ゴマノハグサ科／多年草
開花時期／10～6月
草丈／7～25cm
★プリムラ・ジュリアン、スイートアリッサム、パンジー

耐寒性の比較的強い多年草で、暖地では冬も咲き続けるが、最盛期は秋から初冬、春もよく咲く。品種も多く、在来の白花種のほか、ラベンダー色の大輪種や、斑入り葉もある。肥料をきらさず、ある程度咲いたら切り戻すとよい。暑さは苦手で、夏は半日陰に置く。エッジから垂らして使うとよい。

[ブルーファンフラワー]

クサトベラ科／多年草
開花時期／5～10月
草丈／5～20cm
★オリーブ、グミ‘ギルドエッジ’

うまく作ると60～70cmも垂れ下がるバスケットに最適な花。夏の暑さや乾燥にも強く、生育が旺盛だが、定植後の生育はやや遅い。乾いた半日陰を好み、花木などを主役にした寄せ植えの根元に使うとよい。用土の過湿を嫌うので、水やりは土の表面が乾いてから。冬は切り戻して、日当たりのよい室内やベランダにとり込む。

[ルリマツリ]

イソマツ科／常緑花木
開花時期／5～11月
樹高／15～200cm
★ランタナ、ヘリクリサム・ペティオラレ

温度さえあればいつでも花をつける半つる性植物。ひととおり咲いたら切り戻すと、3～4週間でまた咲いてくる。真夏は暑さと湿気で花期が短く、花色がぼける。根張りが強いので根詰まりを起こしやすく、根の弱い植物との混植は避ける。大きな鉢で育てたい。冬は切り詰めて、ベランダや日の当たる室内にとり込む。

真夏にも休みなく元気に咲く花

[ニチニチソウ]

キョウチクトウ科／一年草
開花時期／6〜10月
草丈／7〜40cm
★単植がおすすめ

暑さにめっぽう強い夏の花の定番。10月に入り気温が下がってくると衰弱する。最近の改良種は花弁が丸くなり、色が鮮やかでエキゾチックな寄せ植えにも向く。雨に打たれて泥はねが葉裏につくと、立ち枯れしやすい。古い土は避けたほうが無難。かなりのボリュームになるので、ほかの植物との寄せ植えには注意する。

[アメリカンブルー]

ヒルガオ科／多年草
開花時期／6〜11月
草丈／10〜25㎝

★ランタナ、クフェア、キャットテール

ほんとうに暑い盛りでも、平気で涼しげな花をつける。ニチニチソウ、ハナスベリヒユと並んで酷暑期に開花する貴重な植物。ほとんど手間いらずで、霜がおりるころまで咲き続ける。惜しむらくは午後から花を閉じてしまうこと。コンテナの縁や吊り鉢に使うと、こんもりと伸びて形がまとまりやすい。

[イソトマ]

キキョウ科／多年草
開花時期／5〜10月
草丈／10〜25㎝

★ペチュニア、マリーゴールド、ニコチアナ

初夏にすがすがしいブルーの花を株いっぱいに咲かせる。涼しいところでは夏も咲き続け、花のボリューム感があるのでコンテナの縁からあふれんばかりになる。白やピンクの花はやや花数が少ない。よく肥えた水はけのよい土に植えると、長期間楽しめる。耐寒性は低く、冬は切り戻して日のよく当たる室内にとり込む。

[カンナ]

カンナ科／春植え球根
開花時期／7〜10月
草丈／50〜100cm

★イポメア、ハイビスカス、クロトン

大型のコンテナ向きで、鉢が小さいと花が咲かないので、深さが30cm以上の深い容器に植える。できるだけ矮性の品種を選ぶことが大切。銅葉の品種は、葉だけでもトロピカルな演出ができる。花がらをこまめに摘むと、次から次へと花が咲いてくる。

[キャットテール]

トウダイグサ科／多年草
開花時期／6〜10月
草丈／10〜25cm

★クロトン、ハイビスカス、トウガラシ

アカリファの仲間で匍匐性の熱帯植物。花が猫のしっぽに似ているところからこの名がある。英名はサマーラブ。開花時期が長く非常に丈夫。よく日に当てることが大切。コンテナの縁やバスケットに向く。茎が細いので、ほかの草花とも違和感がなく、寄せ植えに使いやすい。冬はよく日の当たる室内で管理し、水やりを控えめにする。

[クルクマ・シャローム]

ショウガ科／春植え球根
開花時期／6～10月
草丈／40～80cm
★カラジウム、トレニア、コリウス

カレー粉の原料であるウコンの仲間。シャロームは夏から秋まで咲くが日陰に置く。最近、濃桃色や白花も発売された。球根から育てる場合は芽出しに高温が必要で、5月以降に植えると8月から開花する。6月からは花つきの鉢物も出回る。草丈が高いのでコンテナの中央に置く。用土はやや湿りぎみを好む。

[クフェア]

ミソハギ科／常緑低木
開花時期／5～10月
樹高／25～80cm
★ランタナ、センニチコウ、
ジニア‘プロフュージョン’

温度さえあれば周年開花する半耐寒性植物。数種類があり、ベニチョウジは濃い橙色の穂咲き種で、花はややまばらにつく。メキシコハコヤナギはピンクや白のかわいらしい花をつける。全体に地味だが、草姿が熱帯植物らしくないので、草花と組み合わせても違和感がない。‘タイニーマイス’は赤花で、丈が高くなるが、コンテナの縁では倒れぎみに伸びてボリューム感が出る。

[センニチコウ]

ヒユ科／一年草
開花時期／6〜10月
草丈／10〜60㎝

★トウガラシ、テランセラ、デュランタ

高性種と矮性種があるが、コンテナには主に矮性種が使われる。高性種では‘ローズネオン’が丈夫で存在感がある。夏の暑さに耐えてよく咲くが、水ぎれには弱い。日当たりが悪いと花がつきにくい。10月に入ると徐々に元気がなくなる。同属のアメリカセンニチコウの‘ストロベリーフィールド’は高性で赤い穂が人目をひき、秋遅くまで咲く。

[ノボタン]

ノボタン科／常緑低木
開花時期／7〜10月
樹高／25〜100㎝

★デュランタ黄斑種、デュランタ‘ライム’、マリーゴールド

多くの種類があり、開花時期や性質も種類によって異なる。夏遅くから秋にかけて咲くシコンノボタンが一般的。根の生育が旺盛で乾きやすく、根詰まりしやすいので注意する。‘リトルエンジェル’は秋冬咲き種。別属のヒメノボタンは匍匐性で吊り鉢に向く。いずれもよく日に当てると花つきがよい。黄色の花との組み合わせはコントラストがよい。

[ハナスベリヒユ]

スベリヒユ科／多年草
開花時期／6〜10月
草丈／5〜20㎝
★単植がおすすめ

暑さと乾燥に非常に強く、にぎやかな色彩で夏を飾る。ポーチュラカとも呼ばれ、最近は八重咲き種や大輪種も登場している。寒さに弱く、10月になると急に花が少なくなる。6月に苗を求めて植える。日のよく当たらない場所は禁物。コンテナの縁に植えるとあふれんばかりに咲き誇る。色別で使うよりも混色で植えるほうがずっと見ばえがする。午後から花が閉じてしまうのが唯一の欠点。

[マツバボタン]

スベリヒユ科／一年草
開花時期／6〜9月
草丈／3〜20㎝
★単植がおすすめ

乾燥、暑さ、やせ地に強い、昔からある草花。最近登場した‘サイダイヤル’は、花が半八重咲きの巨大輪で、午後も花が閉じない終日咲き。開花時期も比較的長いので、バスケットにも使える。ハナスベリヒユにくらべて花の色調が強いので、組み合わせは暑苦しくならないよう慎重に。

[メランポジウム]

キク科／一年草
開花時期／6～11月
草丈／10～40cm
★サルビア・ファリナセア、アメリカンブルー、クフェア

やや小輪だが、夏に弱るマリーゴールドの黄花系の代役として重宝する。非常に丈夫な植物で、背が伸びにくい‘ミリオンゴールド’という品種が使いやすい。それでも長期間育てると30～40cmになり、半分ほどで切り戻すとまた咲いてくる。花数がやや少なくワイルドな趣もあるので、コンテナの自然風なアレンジにも使える。

[ランタナ]

クマツヅラ科／常緑低木
開花時期／6～11月
樹高／10～100cm
★デュランタ、メランポジウム、アカバセンニチコウ

いたって丈夫な半耐寒性の木本植物。開花量は多くないが夏も休まず花をつけ、秋に涼しくなってから多量の花をつける。多くの品種がある。斑入りのものはカラーリーフとしても使える。スタンダード作りも可能。ひととおり咲いたら2～3節の下で切り戻して肥料を与えると、また咲いてくる。

秋を彩る風情のある花

[キク]

キク科／多年草
開花時期／9～11月
草丈／15～100cm
★トウガラシ、ススキ、ノギク

日本を代表する花だが、つぼみが色づき始めてから花が終わるまで１カ月弱しかもたないのが惜しい。多くの種類があるが、スプレーギクやヨダーマムは洋風に、小ギクやポットマムは和風のアレンジに合う。仕立て物では、懸崖作りはコンテナの縁に、ろうそく仕立てやスタンダード仕立てのものは中心に置いて高さを出すのに使う。

[キバナコスモス]

キク科／一年草
開花時期／6～11月
草丈／15～90cm
★マリーゴールド、メランポジウム、サルビア・ファリナセア

最近の矮性種は半八重咲きで野性味が減っており、コスモスよりもコンパクトにまとまる。直まきしたものは強いが、ポット苗を植えると、植え傷みが発生し、うまく根づかないことが多いので注意する。

[コスモス]

キク科／一年草
開花時期／6～11月
草丈／20～150cm

★サルビア・レウカンサ、クジャクアスター、テランセラ

最近は春から鉢物が出回るようになったが、やはり秋の風物詩といえる花。白花は季節に関係なくナチュラルなアレンジによく合う。寄せ植えには丈の低いコンパクトなものを。タネをたくさんつけると急速に弱る。夏前から初秋に咲いたものは高さ10cmほど残して切り戻すと、秋にもう一度咲く。肥料を与えすぎると花つきが悪い。

[コバノランタナ]

クマツヅラ科／常緑低木
開花時期／4～6月、10～11月
樹高／10～40cm

★ビデンス、サルビア・グアラニチカ、キク

半耐寒性の半つる性植物。４月初めから鉢物が出回る。短日性なので夏は花を休み、10月中旬ごろからは自然に咲きだす。花つき、花色、花もちともに秋に本領を発揮する。暖地では露地で越冬する。晩秋のバスケットやコンテナに最適。白花もあり、濃い葉色とのコントラストが美しい。

[コムラサキ]

クマツヅラ科／落葉低木
開花時期／10～11月
樹高／30～150cm
★ユウゼンギク、ベニチガヤ、ペニセタム

ムラサキシキブの名で実つきの株が10月ごろ販売される。白実のものはシロシキブといい、性質的には同じ。根張りが旺盛で、鉢植えのものは水分を多く要求するので、水ぎれに注意する。コンテナで秋らしさを演出するときに使いたい。ベニチガヤ、ススキなどと合わせやすく、洋風に使っても形がまとまる。

[サルビア・グアラニチカ]

シソ科／多年草
開花時期／6～11月
草丈／15～100cm
★ビデンス、ダイアンサス

宿根性のサルビアで四季咲き性が強く、6月から11月まで咲き続ける。小さなポットで小ぶりに仕立てられたものはコンテナやバスケットに使いやすいが、地に下ろして宿根させると高さ1mほどにもなる。性質はきわめて丈夫だが、開花期間が長いので1～2カ月に1回は追肥し、姿が乱れてきたら切り戻す。

[サルビア・レウカンサ]

シソ科／多年草
開花時期／10～11月
草丈／15～100cm
★コリウス、トウガラシ、ジニア・リネアリス

花穂に光沢のあることからビロードセージ、あるいはメキシカンブッシュセージとも呼ばれる。短日性が強く、秋遅くなってから咲き始め、霜の降りるころまで咲き通す。草姿はやや乱れぎみで、茎が裂けやすいので取り扱いには注意。7月上旬ごろに挿し木して、お盆までに2回ほど芽を摘むとコンパクトに咲かせることができる。冬越しは花の咲いた茎を根元から切り詰め、そのまま置く。

[ススキ]

イネ科／多年草
開花時期／9～11月
草丈／20～150cm
★ハギ、リンドウ、オミナエシ

秋の演出には欠かせない植物。多くの種類があるが、コンテナに使用するのは横に黄斑の入るタカノハススキや細葉のイトススキ、ヤクシマススキが多い。寄せ植えは高性のものとよく合い、ハギ、遅咲きのオミナエシ、リンドウなどがよく映える。地植えをすると大株になり、あとで困ることになるので注意。

[ビデンス]

キク科／一年草または多年草
開花時期／3〜6月、10〜12月
草丈／20〜50cm

★サルビア・レウカンサ、サルビア・グアラニチカ、ノゲイトウ

黄花のフェルフォリアは這い性で、バスケットやコンテナの縁に使える。10月から咲き始め、冬も温度があれば6月まで咲き続ける。レモン色に白の覆輪の入る‘イエローキューピット’などの高性種は、10〜11月咲きでコンテナの主役向き。地植えすると翌年は高さ2mにもなる。

[ピラカンサ]

バラ科／常緑低木
開花時期／11〜3月
樹高／15〜150cm

★プリムラ・ジュリアン、ビオラ、シロタエギク

最近は赤や黄の実を混ぜて仕立てたものが11月に店頭に並ぶ。鳥に食べられなければ、翌春まで楽しめる。初夏に、前年に伸びた枝に白い花をつける。赤実のものはシロタエギクやスイートアリッサムと合わせると、クリスマスやお正月のアレンジに最適。翌年は大鉢に移し、枝を誘引して刈り込むと、さまざまなトピアリー作りを楽しむこともできる。

[ヘリアンサス'ゴールデンピラミッド']

キク科／多年草
開花時期／9～10月
草丈／30～150cm
★ジニア・リネアリス、サルビア、コリウス

ヤナギバヒマワリともいい、地植えすると1.5mほどになる強健な植物。最近は高さ30～60cmほどの鉢植えが出回り、コンテナにも使えるようになった。大型の宿根系のサルビアやコスモスなどと合わせて、大きなコンテナに寄せ植えする。花期は１カ月ほど。花が終わったら、地植えにするか大鉢に植え直す。

[ユウゼンギク]

キク科／多年草
開花時期／9～10月
草丈／15～60cm
★リンドウ、ハマギク、ダンギク

アメリカ原産だが、野菊の風情がある。花期は２～３週間と短いが、初秋のころ秋らしさを演出するのに欠かせない花。ノコンギクが咲くまではこの花を使う。開花中に水がきれると、あっという間に花が終わってしまうので注意する。花期が短いので、バスケットには向かない。コンテナで自然風のアレンジに。

花を引き立てる葉もの コニファー類

[コニファー類]

常緑針葉樹
葉の観賞時期／周年
★ヘデラ、ツルニチニチソウ、パンジー

常緑のカラーリーフとしてすっかり定着し、円錐形のものはコンテナの主木に、這う性質のものはエッジから垂らしたりと使い方はさまざま。生長が速いものが多いので、年に1～2回刈り込んで形を保つようにすることが大切。刈り込んだあとには緩効性化成肥料を根元に置く。2～3年おきに植えかえるとよい。

[アカバセンニチコウ]

ヒユ科／多年草
観賞時期／周年
草丈／15〜60cm
★デュランタ、クフェア、アンゲロニア

暑さに強い熱帯系のカラープランツ。夏は濃い銅葉だが、秋になると紅葉したように赤みが増し、晩秋に白い花をつける。ピンクの斑の入る品種もある。非常に丈夫で、黄葉のデュランタ‘ライム’との組み合わせはトロピカルな雰囲気満点。秋には草花と合わせても違和感がない。縦長の草姿だが、まめに切り戻せばバスケットにも使用できる。

[アスパラガス]

ユリ科／常緑低木
観賞時期／周年
樹高／30〜100cm
★ゼラニウム、ランタナ

スプレンゲリは昔からある半耐寒性の観葉植物だが、茎が長く伸びて垂れてくるので、大型のバスケットに使ってもおもしろい。根の生育が旺盛で、長期間植えっぱなしにすると根が回りすぎて鉢からはずすのに苦労するほど。根詰まりや水ぎれで葉の先端が黄色くなりやすいので注意する。ブーケにも使われるスマイラックスはつる性。

[ツルマサキ]

ニシキギ科／常緑低木
観賞時期／周年
樹高／5〜30cm
★ベアグラス、ビオラ、シロタエギク

マサキの葉を小さくしたような半つる性の低木。黄斑の‘エメラルドゴールド’や白斑の‘ハーレクィーン’などがある。葉に赤みがかかる冬から、新芽の出る春が美しい。あまり垂れ下がらず適当にあばれるので、山野草的な使い方もできる。生育は緩慢なので長期間植えっぱなしにできる。コンテナの縁や小型のバスケットにも使える。

[イポメア]

ヒルガオ科／一年草
葉の観賞時期／5〜10月
草丈／50〜150cm
★ハイビスカス、カンナ

葉色の美しいサツマイモで、黒葉、ライム葉、白と桃の斑入り葉の3色がある。斑入り葉は生長がゆるやかでつるが伸びすぎないので、コンテナには使いやすい品種。1枚の葉が大きいので、小さな草花と寄せ植えするとアンバランスになる。暑いほどよく生長するので、ときどき切り詰める。

[オリーブ]

モクセイ科／常緑高木
開花時期／5月
樹高／40～600㎝

★ビオラ、シロタエギク、ストック

地中海沿岸地方原産の常緑樹で、暖地向きのコンテナの主木に向く。黒い実と葉の裏が銀色で美しいので最近人気がある。乾燥には強いが、根詰まりしやすいので、3～5年で植えかえるとよい。多くの品種があり、花が咲いても実のつきにくいものが多いので、実を鉢植えで楽しみたいなら、最初から実のついたものを購入するとよい。

[グレコマ]

シソ科／多年草
観賞時期／周年
草丈／5～150㎝

★ペチュニア、ブラキカム、バコパ

春の雑草、カキドオシの仲間で、斑入り葉種が美しい。白覆輪と散り斑の品種があり、散り斑のほうが伸びが遅い。夏以降は観賞価値が低くなり、冬はロゼットになる。葉が小さく、節間が長いので、繊細な花とよく合う。短期間でつるは1m以上に伸び、まっすぐ垂れ下がるので、バスケットに向く。

[コクリュウ]

ユリ科／多年草
観賞時期／周年
草丈／10〜30cm

★ベアグラス、ツルニチニチソウ、プリムラ・ジュリアン

オオバジャノヒゲの園芸品種で、葉が真っ黒な常緑草本。生育は遅く、性質は繊細で過湿に弱いので、乾燥ぎみに育てる。本来は日陰の植物だが、ひなたにも使える。和風にも洋風にも合わせやすく、シロタエギクなど白い葉や花と組み合わせるとシックな感じに。新芽が出ると下葉が枯れるので、根元からかきとる。

[シロタエギク]

キク科／多年草
観賞時期／周年
草丈／7〜40cm

★パンジー、ハボタン、マリーゴールド

寒さに強く、冬の寄せ植えの必需品だが、春から植えても暑くなるまで使える。初夏には草丈が伸びて黄色の花をつけるが、花はあまり観賞価値がない。切れ込みのきれいな‘シルバーダスト’が一般的で、大葉系の‘シリウス’はボリューム感がある。同じく銀葉で別属のシルバーレースは、切れ込みがより繊細で丈が伸びやすい。

[セイヨウイワナンテン]

ツツジ科／常緑低木
観賞時期／周年
樹高／15〜50cm

★這い性コニファー、マンネングサ類

アメリカ産のイワナンテンの仲間。黄斑が入り、新芽が乳白色でピンク色を帯びる‘レインボー’と、秋から冬の間は葉が暗紫色になる‘アキシラリス’などがある。グラウンドカバーとして利用される。半日陰向きで、西日の当たる場所では夏の暑さで弱ることがある。また、乾燥させると立ち枯れしやすいので注意する。

[セネシオ・レウコスタキス]

キク科／多年草
観賞時期／周年
草丈／15〜60cm

★プレクトランサス、
ロベリア

真夏にも真っ白な葉色がすがすがしい宿根性のシロタエギクの仲間。春から秋のシルバーリーフとして貴重。日陰に置いたり肥料が多すぎると、葉の白色が薄れてヨモギのような葉色になる。冬季も同様。多年草だが、老化すると茎がかたくなり、折れやすくなる。水はけのよい土で植え、乾かしぎみに管理する。

[ツデー]

シノブ科／多年草
観賞時期／周年
草丈／15～60㎝

★アジサイ、カランコエ、アザレア

どんな花をも引き立たせる明るい黄緑色が魅力。株張りがよいので、どんなあらも覆い隠す。室内で楽しむ寄せ植えの必需品。大型で葉が伸びすぎたものは避け、小鉢でよく締まったものを使う。戸外で使用する場合は、いきなり直射日光に当てると葉やけするので、徐々に慣らす。冬は室内で管理し、伸びすぎたら切り戻す。

[ツルニチニチソウ]

キョウチクトウ科／多年草
観賞時期／周年
草丈／10～25㎝

★ベゴニア、ペチュニア、コスモス

大柄の‘マジョール’と小柄の‘ミノール’がある。それぞれ斑入り種と青葉種があるが、一般に出回っているのはマジョールの斑入り。ミノールの‘イルミネーション’が黄斑で、黄花や青花とのコーディネートにはよい。いずれも性質は強健。4月ごろ薄紫の花を短い枝にまばらにつける。つるはまっすぐ垂れ下がるが、挿し木して半年ほどたたないと下がってこない。地面に下ろすと横にも這う。

[デュランタ'ライム']

クマツヅラ科／常緑低木
観賞時期／周年
樹高／15〜100cm
★ランタナ、クロッサンドラ、イレシネ

6月から霜の降りるまで戸外で使える亜熱帯原産の小低木。黄色の葉を観賞するが、日当たりが悪いと黄緑色になる。暑くなって強い日ざしを受けると、葉色がいっそう美しくなる。より大型で大葉の黄斑種は寄せ植えの主木にもなる。室内に入れると下葉が落ちやすい。小鉢仕立てのものはバスケットでも形を整えやすい。

[テランセラ]

ヒユ科／多年草
観賞時期／9〜11月
草丈／7〜20cm
★トウガラシ、キク、ハツユキカズラ

秋に色づく熱帯性のカラープランツ。従来は黄と珊瑚色の2タイプだったが、最近はほかの色も導入されている。濃い桃色や鮮やかな‘チェンマイレッド’や白斑の‘バリホワイト’があり、両種ともやや大葉。5〜6月にも発色し、従来のものより観賞期間が長い。いずれもコンテナの足元やバスケットなどの面を埋めるのに使うとよい。

[ニューサイラン]

ユリ科／多年草
観賞時期／周年
草丈／40～100㎝

★ベゴニア、ダイアンサス、ペチュニア

放射状に伸びた葉が美しく、いろいろな斑入りを楽しめるが、大型の銅葉種や黄斑種以外は性質が弱く、根腐れを起こしやすいので注意する。コンテナの中心に植えて高さと広がりを出し、周りに背の低い草花を植えるとよい。３年に一度植えかえを。コルジリネ・オーストラリスも形態が似て同じように使える。

[ハツユキカズラ]

キョウチクトウ科／常緑低木
観賞時期／周年
樹高／5～60㎝

★コクリュウ、ベアグラス、フウチソウ

上に這って伸びるつる性の植物で、テイカカズラの一種。乳白色の斑が美しい。初期生長が緩慢で、長く鉢に置ける。日陰の植物だが、ひなたにも使える。コニファー類の根元に植えると引き締まった感じに。よく似た色合いのセイヨウイワナンテンなど、葉ものだけで寄せ植えしてもよい。青葉が出てきたらとり除く。発色がよいのは秋。

[プレクトランサス]

シソ科／多年草
観賞時期／周年
草丈／10～30cm

★ベゴニア、インパチエンス、ペチュニア
真夏にも涼しげな色合いの観葉植物。白の斑入り葉種は観賞価値が高い。夏の暑さにも比較的強く、ほかの草花と組み合わせても違和感がない。春から夏にかけて挿し芽をしたものは、その年には垂れ下がりにくいが、初夏のバスケットにも最適の素材。冬には室内にとり入れる。

[ベアグラス]

カヤツリグサ科／多年草
観賞時期／周年
草丈／10～30cm

★ハツユキカズラ、ギボウシ、コクリュウ
スゲの仲間で、一年中美しい葉色を保つ。乾燥には強いが、水ぎれで葉先が茶色くなると観賞価値が下がるので注意する。葉がやわらかく、20～30cmほど垂れ下がるので、コンテナの縁やバスケットにも向く。かなり存在感があり、1株入れることで寄せ植えに落ち着きが出る。赤系や紫系の花と合わせてコントラストを強調するのもよい。

[ヘデラ]

ウコギ科／常緑低木
観賞時期／周年
樹高／10〜100㎝

★ゼラニウム、クリスマスホーリー、カランコエ

丈夫で多くの斑入り葉品種がある。何にでも合わせやすく、実に使いがってがよい。ヘデラだけを残してほかの植物を植えかえられるので便利だが、長期間植えたままにしておくと根が張りすぎて、ほかの植物が容易に植えられなくなる。大葉系でオカメヅタと呼ばれるカナリエンシスは大型の植物に添える。気温が5度以下になると寒さで葉が紫色を帯びる。

[ヘリクリサム・ペティオラレ]

キク科／多年草
観賞時期／周年
草丈／10〜50㎝

★ベゴニア、ペチュニア、ゼラニウム、フクシア

半耐寒性の半つる性植物。基本種はシルバー、変種としてライムと青斑がある。根の生育が旺盛で、長期間の寄せ植えでは、ほかの植物を駆逐してしまうので注意する。根詰まりや水ぎれで下葉が傷むと、観賞価値が大幅に低下し、枯れ葉とりに手間がかかる。ライムは生育が遅いが、春、秋はきわめて美しい。

[メキシコマンネングサ]

ベンケイソウ科／多年草
観賞時期／周年
草丈／5〜20㎝
★パンジー、ペチュニア、シロタエギク

雑草のようにたくましく、乱暴に扱ってもいたって平気な多肉植物。5月に伸びる新芽が美しく、ややくすんだ黄色の花をつける。花が終わったら根元から花茎を摘みとる。夏は暑さで傷むが、秋から再び美しくなる。寄せ植えで穴があくときに植えると、適当なあら隠しにもなる。そのほか寄せ植えに使いやすいのは白斑のオノマンネングサ、黄葉のマルバマンネングサなど。

[ラミウム]

シソ科／多年草
観賞時期／周年
草丈／10〜15㎝
★ベアグラス、ギボウシ、スイートアリッサム

オドリコソウの仲間で、丈が低く這い性のマクラツム種には、銀白葉で桃色花の‘ビーコンシルバー’、白花の‘ホワイトナンシー’、黄葉の‘ゴールデンナゲット’など、多くの品種がある。暑さには弱いが春の寄せ植えのアクセントによい。ガレオブドロン種は半つる性の黄花の銀白葉で、比較的暑さに強い。

[ワイヤープランツ]

アカネ科／常緑低木
葉の観賞時期／周年
樹高／5〜30㎝
★ベアグラス、ノギク、コクリュウ

ニュージーランド原産の匍匐性の常緑低木で、針金状に伸びた茎がふんわりと垂れるので、最近では苔玉や、和風の寄せ植えに欠かせないものになっている。寒さには若干弱く、冬は室内か軒下などに置くが、あまり日陰でも弱る。湿気を好むので水ぎれさせないよう注意を。

[ヤブコウジ]

ヤブコウジ科／常緑低木
観賞時期／周年
樹高／10〜20㎝
★ワイヤープランツ、ベアグラス、ビオラ

冬に赤い実をつける日本原産の常緑低木で、日陰に強いのでよく和風庭園のグラウンドカバーとしても用いられる。お正月など冬の和風の寄せ植えの根締めや、斑入り葉は洋風のコンテナにも向く。夏は日やけしやすく、特に斑入り葉は葉がやけやすいので、直射日光の当たらない場所に移動させる。

Lesson6

メンテナンスもマスターしよう

きれいな寄せ植えを長く楽しむ基本テク

寄せ植えを作り、育ててみると、困ったことやわからないことが出てくるはず。いろいろな問題に対処できるメンテナンスをマスターしておきましょう。

メンテナンス1 MAINTENANCE

伸びすぎてしまったら……切り戻し

茎が伸びすぎて草姿が乱れてきたら、切り戻しという作業を行います。切り戻しは、梅雨時に株が蒸れるのを予防するためや、花数をふやしたいときにも行います。切り戻し後に肥料を与えて管理すると、新しい茎が伸びて再び花を楽しめます。

インパチエンスの切り戻し

日陰でも楽しめる寄せ植え。インパチエンスを切り戻せば、ギボウシとともに秋まで美しい状態を楽しめる。

✽ギボウシ3種、インパチエンス

蒸れを防ぐ

多くの植物は梅雨時の高温多湿を嫌います。枝が込んできた株は切り戻し、風通しをよくして株が蒸れないようにします。インパチエンスなど晩春から秋まで花を楽しめる草花は、梅雨の晴れ間に突然、気温が上がったときなどに蒸れて急に株が弱ってしまうことがあります。寄せ植えにしている場合も梅雨に入る前に切り戻しましょう。

花数が減って葉が黄色くなってきた7月の状態。枝が込みすぎて蒸れぎみ。

インパチエンスは草丈の$\frac{1}{3}$を残して切り戻す。

切り戻しが終わったら、半日陰に置いて、月に2回程度液体肥料を与える。残した茎から新芽が伸び1～2カ月後には再び花が咲く。

草姿を整え、花数をふやす

茎を伸ばしながら先端に花を咲かせ続けるタイプのガウラやサフィニアは、しだいに茎が長く伸びて草姿が乱れ、花数も少なくなってきます。そのままほうっておくとその後多くの花は望めません。花の盛りが過ぎたころに切り戻しをすると、コンテナ全体にバランスよく茎が伸びて、花数をふやすことができます。

ガウラの切り戻し

矮性種のガウラと白いサフィニアとのコーディネート。再び美しく咲かせるには切り戻しが大切。

＊ガウラ、サフィニア

ガウラは花の盛りが過ぎて、枝があばれてだらしなく伸び、株元のサフィニアにも枯れ葉が目立つ。

ガウラの花茎は⅓くらいを残してカットする。サフィニアも地ぎわから⅓を残して切り戻す。

切り戻し後は強い日ざしを避けた半日陰に置き、1週間くらいたってから日当たりに移動。月に2回程度、液体肥料を与える。

残した茎の葉のつけ根から、新しい花茎が伸びて花を咲かせ始めた。

メンテナンス2 MAINTENANCE

株の入れかえ

花の終わった株を入れかえる

寄せ植えを作ってからある程度時間がたつと、きれいに咲いているもの、花が終わってしまったものなど、植物によってばらつきがでてきます。そんな場合は、全体を植えかえるのではなく、一部の株だけを入れかえます。

切り戻したときが植えかえどき

インパチエンスを切り戻した状態。インパチエンスは掘り起こし、鉢に植えかえて養生させれば、新しい寄せ植えの材料になる。

初夏の寄せ植えを別バージョンに

ギボウシの花も咲き終わり、インパチエンスの切り戻しが必要ですが（156ページ参照）、このタイミングにインパチエンスを抜き、別の花を入れて雰囲気を変えるのも一案。
＊ギボウシ3種、インパチエンス

季節ごとにリニューアル

一部の花が早く終わってしまったり枯れてしまったりしたときは、寄せ植えをリニューアルするタイミング。きれいな植物を残して、株の入れかえをしましょう。また、主役が樹木や多年草など2〜3年は植えかえる必要がない場合は、季節ごとに株元の植物だけ入れかえを。ひとつの寄せ植えを低コストで長く楽しめます。

用意するもの

花の終わった寄せ植え、イソトマ、コリウス、用土（できれば寄せ植えを作ったときと同じ配合の新しいもの）、緩効性化成肥料、ハサミ、移植ごて

1 残す植物の下葉をカット

残すギボウシの傷んだ葉や枯れた葉を、茎のつけ根からハサミで切りとる。株の中心もしっかりチェックして、ゴミもとり去る。

2 植えかえる植物を掘り上げる

作業しやすいようにインパチエンスは株元から茎を切っておく。インパチエンスの株元から少し離れた場所に、移植ごてをまっすぐ立てて、土に深くさし込む。

インパチエンスの根鉢の位置を確かめながら、株元の周囲に少しずつ位置をずらしながら移植ごてをさし入れていく。

残すギボウシの根をできるだけ傷めないようにするには、移植ごてを思い切りよくさし込んでスパッと根を切るのがコツ。

移植ごてが株元を1周したところで、根鉢の底をすくうようにして移植ごてを持ち上げ、そっと掘り上げる。掘り上げたインパチエンスは、あとで別の鉢に植え込む。

次ページへ続く

3 新しい株を入れるスペースを整理する

1株掘り上げたところ。ギボウシの根が少しむきだしになっているが、この程度なら株へのダメージは少ない。

同じ要領で、植えかえたい株をすべて掘り上げる。ここではインパチエンスを3株掘り上げて、1株残した。

株を掘り上げたあとで、はみだしているギボウシの根をハサミで切ってきれいにとり除く。根のクズも残さないように古い土といっしょにとり出す。

新しい株を植えるスペースができた。新しい用土を足し入れ、緩効性の化成肥料を入れ、さらに用土を足す。ただし肥料入りの培養土の場合は入れなくてもよい。

ほかにこんなパターンも！

オリーブを主木にした夏の寄せ植えと冬用に植えかえた例。組み合わせる植物をかえることで季節感のある一鉢に。

✽夏／オリーブ、キバナコスモス、ヘデラ
冬／オリーブ、ポインセチア、シロタエギク、ヘリクリサム・ペティオラレ

株元全体に、たっぷりと水を与えて完成。このまま秋まで楽しめるコンテナにリニューアル。

4 新しい植物を植えつける

新しく植えるイソトマとコリウスの配置を決めて順に植え、株のすき間にしっかりと用土を足す。

メンテナンス3 MAINTENANCE

病害虫を見つけたら

いくら注意していても病気や虫の被害にあうことがあります。寄せ植えを長く楽しむためには、できるだけ早く発見し、適切な処置をして早期退治することが大切です。

早めに対策を！

日常の手入れをしながら、植物の状態をこまめにチェックすることが、病気や虫の早期発見、早期退治につながります。花がら摘みや枯れ葉とり、水やりなどのおりに、葉の裏に害虫はいないか、花や葉が食べられていないか、葉に変な模様がないか、葉の表面にかびのような白いものがついていないか、株元はしっかりしているか、コンテナの周りにふんが落ちていないかなどをチェックしましょう。ひとつでも発見したら、すぐに対応を。早ければ早いほど植物へのダメージも少なく、薬剤の使用も最小限にとどめることができます。

下の表は、主な病害虫の症状と対策です。植物を見ただけでは病気や虫の種類を判断するのは難しいものです。表を参考に、薬剤の購入時に症状をくわしく説明して、相談するとよいでしょう。

主な病気

	症状と対策
うどんこ病	葉の表面や茎に小麦粉のような白いかびがつく。特に、春と秋に多く発生。ベンレートやトップジンMを散布する。
灰色かび病	つぼみや花に水滴がにじんだようなしみができ、やがて灰色のかびが生えて腐る。多湿時に発生。ダコニールなどを散布。
斑点性の病気	葉に黒や褐色の斑点ができ、しだいに大きくなって落葉する。落ちた葉は焼却し、ダイセンやダコニールなどを散布。
軟腐病	地ぎわの茎などが、腐敗して枯れる。高温多湿時に多く発生。被害株は抜きとり、周りの土ごと処分する。
すす病	葉の表面がすすがついたように真っ黒になる。アブラムシやカイガラムシのふんが原因。オルトラン水和剤などで害虫を駆除。

主な害虫

	被害と対策
アブラムシ	ほとんどの植物に寄生する、種類の多い害虫。葉や茎の汁を吸う。4～6月に多く発生。オルトランなどを散布。
カイガラムシ	幹や枝に白や茶、黒色など扁平な形の小さな虫がつき、汁を吸う。5～7月にオルトラン水和剤やアクテリックを散布。
コナジラミ	植物にふれるといっせいに飛び交う白い虫。葉裏に寄生して汁を吸う。オルトランやベストガードを散布。
ハダニ	葉裏に寄生して汁を吸う。高温や乾燥を好み、夏に多く発生。室内の観葉植物などは要注意。洗い流すか殺ダニ剤などを散布。
アオムシ・ケムシ類	チョウやガの幼虫で、葉や新芽を食害。虫の種類によって好む植物も異なる。捕殺するか、オルトランやスミチオンを散布。

薬剤の種類とタイプ

薬剤の種類を大きく分けると、殺菌剤と殺虫剤があります。病気かなと思ったら殺菌剤を、葉や花が食害されていたり虫を発見したときは殺虫剤を使用します。多くの薬剤がありますが、代表的なものには3タイプの形態があります。そのまま散布できるエアゾール・スプレーなど、薬剤を薄めて使用するタイプ、粒状の薬剤をそのままばらまくタイプです。

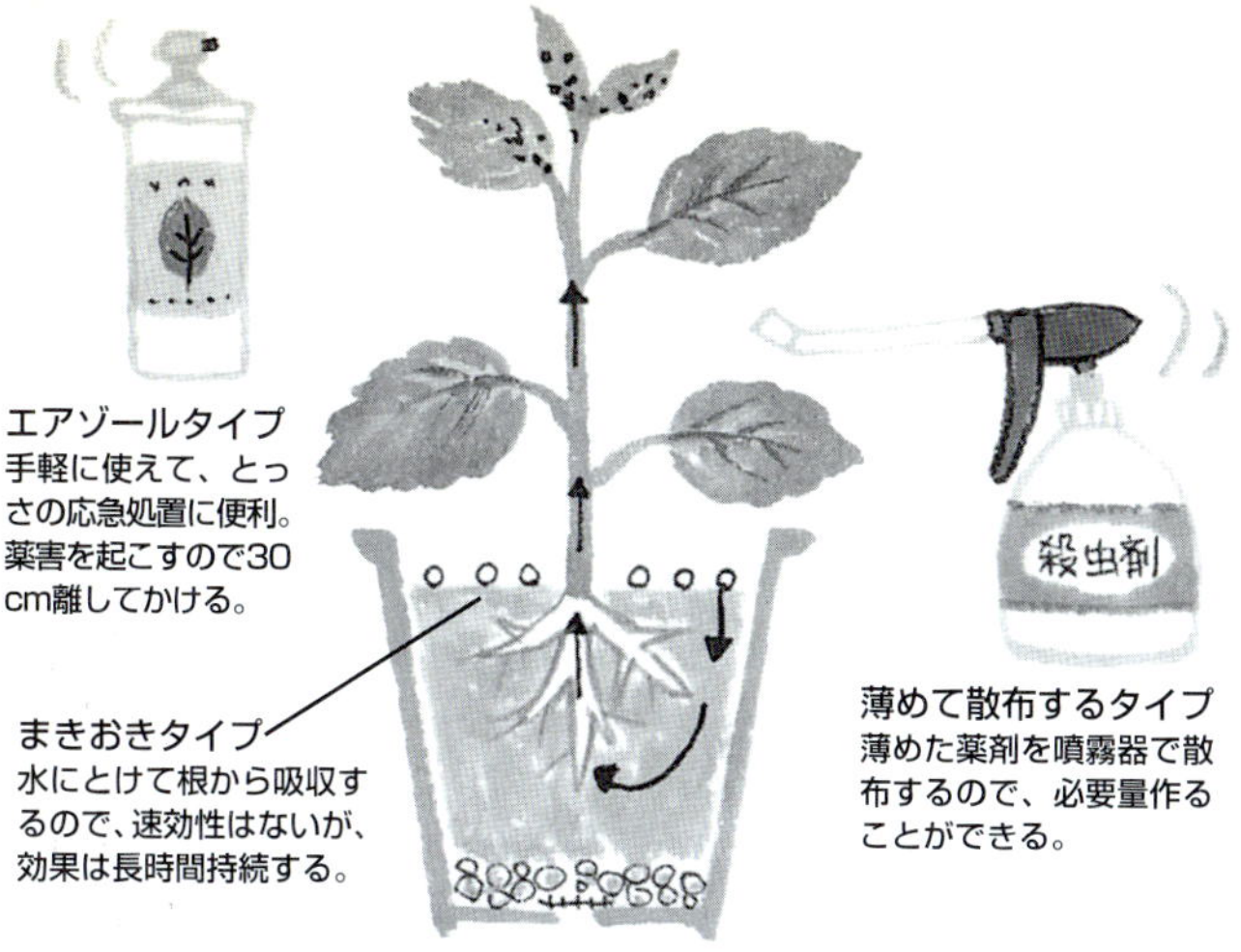

主な殺虫剤と殺菌剤

左から、病原菌を退治・予防する殺菌剤、浸透して効果を発揮する殺菌剤、病気と害虫の殺虫殺菌剤、スプレータイプの殺虫剤、薄めて散布する殺虫剤、粒状の殺虫剤。

散布液の作り方

水で薄めて使う薬剤は少量の薬剤で大量の散布液を作ることができますが、残った散布液は保存がきかないので必要な量だけ作ります。大量に必要なときは専用のバケツに、少量だけ必要な場合は小型の計量容器が市販されているので、それを利用すると便利です。

計量カップとバケツを用意。

バケツに必要な量の水を入れ、薬剤に添付されているピペットで規定量を落としてよく混ぜる。

薬剤を使うときの注意

噴霧器などで散布するタイプの薬剤は、風のない晴れた日の朝夕の涼しいときに作業を行い、散布液が流れて近所迷惑にならないようにします。散布中は薬剤が顔や手にかからないように注意します。また、粒状のばらまくタイプの薬剤は、ペットなどが食べないように要注意。

メンテナンス4 MAINTENANCE

じょうずな肥料の施し方

植物にとって肥料は、私たちの食べ物と同じこと。植物が元気に育つには、必要な量をタイミングよく与えることが大切です。肥料にはさまざまな種類があるので、目的によって使い分けましょう。

肥料の三大要素の主な役割

P［リン酸］

開花や結実を促すのに役立つので「実肥」とも呼ばれる。欠乏すると花数が減り、開花や結実が遅れる。また根の伸びも悪くなる。過剰になっても害はない。

N［窒素］

葉や茎の生長を助け、葉の色を濃くするので「葉肥」とも呼ばれる。欠乏すると葉が淡黄色になり茎が軟弱になる。過剰になると、花や実がつきにくくなる。

K［カリ］

根や葉、茎を丈夫にして、病気や寒さなどに対しての抵抗力をつける。「根肥」とも呼ばれる。欠乏すると根の生育が悪くなり、根腐れを起こしやすい。

植物の生長に最も多く必要な養分は、窒素、リン酸、カリの3つです。そのほか、カルシウムやマグネシウムなどの中量要素と、鉄分やマンガンなどの微量要素が必要です。これらは土の中にあるだけでは不足しやすいので、必要に応じて施します。

肥料には、植えつけのときに土に混ぜて施す元肥と生長に合わせて与える追肥があります。また、原料によって、有機質肥料と化成肥料に分けられます。有機質肥料は、油かすや鶏ふん、ワラや落ち葉の堆肥などから作られています。化成肥料は、肥料成分を化学的に合成して作ったものです。さらに、形状としては、液体や粒状や粉状などのものがあり、成分比は商品によって異なります。パッケージには、必ず「N:P:K=10:15:10」などと書かれています。これは100gあたりに入っている肥料成分を、重量（g）で表示したものです。植物の種類や使う目的に合わせて肥料を選ぶことが大切です。

有機質肥料

有機質肥料は土の中で微生物に分解されてから吸収され、速効性はありませんが長期間効果が持続します。使う1週間ぐらい前に土に混ぜておくか、植えつけ時に元肥として与えます。追肥として施すときも株元から離して土に埋めます。

草木灰。植物を燃やして灰にして作られたもの。カリ肥料として使用。アルカリ性なので、多量に施すと土の酸度が変わる。

ひよこのふんを発酵させて作った鶏ふん。油かすよりもリン酸やカリ分が多い。粒状で扱いやすくにおいもほとんどない。

油かすを主に魚粉、米ぬかなどを配合した粒状の肥料。特殊な発酵菌を使った、におわず虫を寄せつけないすぐれもの。

化成肥料

固形や粒状、液体などのタイプがあります。粒状の土に混ぜるタイプは、1カ所にかたまらないように全体によく混ぜ合わせます。液体肥料は、規定の濃度より濃く与えると肥料やけを起こします。薄めに使うほうが失敗がありません。

原液を水に薄めて使用する液体肥料。植物の種類や生育目的によって、肥料要素もさまざまなものがある。

粒状で土に混ぜるタイプの元肥用。カルシウムが豊富でコンテナガーデンにおすすめ。効果は5～6カ月間持続。

粒状でゆっくりと長く効果が持続する化成肥料。元肥用として使用。粒の大きさによって効果期間を調節。

活力剤は肥料ではない

活力剤は微量要素を主成分とするもので、肥料とは異なります。微量要素は人にとってのビタミン剤のようなもので少量しか必要ありませんが、欠乏すると生育が悪くなります。日光不足や夏バテなど、花や葉の色に元気がないときに使うと効果的です。商品のパッケージの説明をよく読んで使い分けを。

左から濃縮タイプ、アンプルタイプ、スプレータイプ。

メンテナンス5 MAINTENANCE

おしゃれな飾り方と置き場所の工夫

せっかく作った寄せ植えですから、できるだけおしゃれに飾ってきれいに見せたいもの。また、落下や転倒をしないよう安全に飾る配慮も必要です。スタンドや花台などのグッズを利用して、その場所に合わせた飾り方を工夫してみましょう。

[コンテナ]

コンテナは、地面に直接置かないことが基本です。コンテナの高さを上げることで、夏の地面の照り返しや害虫の侵入を防ぐことができます。フェンスなどにはかけるためのグッズを、テラスやポーチなどに置く場合はスタンドなどを利用しましょう。

●かける工夫

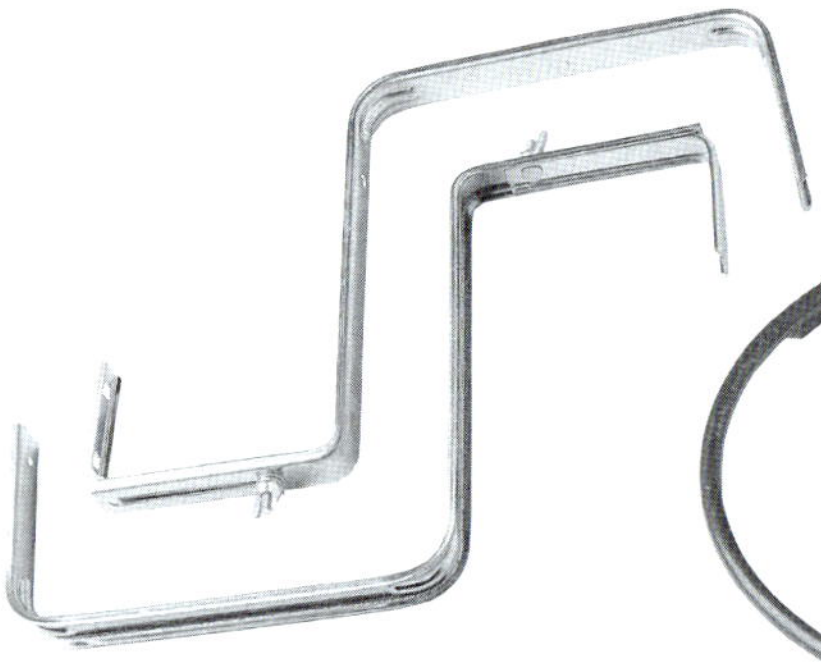

プランター受け　フェンスやブロック塀の幅に合わせてかけ、プランターをのせる。ステンレス製がさびにくく、長もちする。

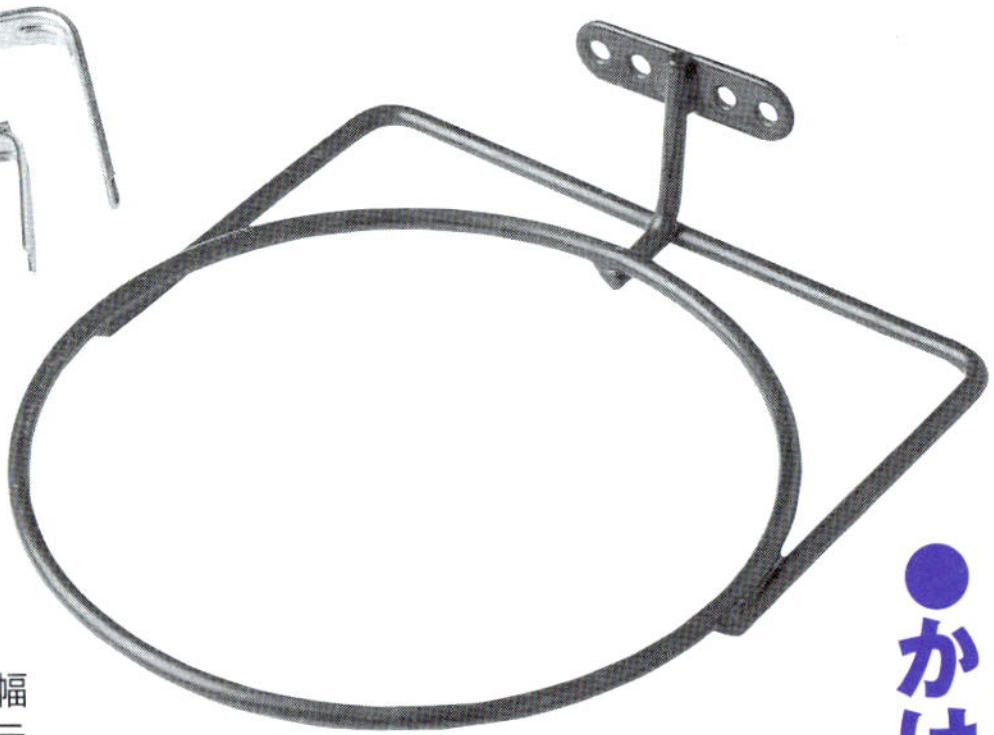

鉢用ホルダー　ベランダの手すりやフェンスの自由な位置にとりつけられるタイプ。さんの大きさに合わせて、ビスを入れて締める。

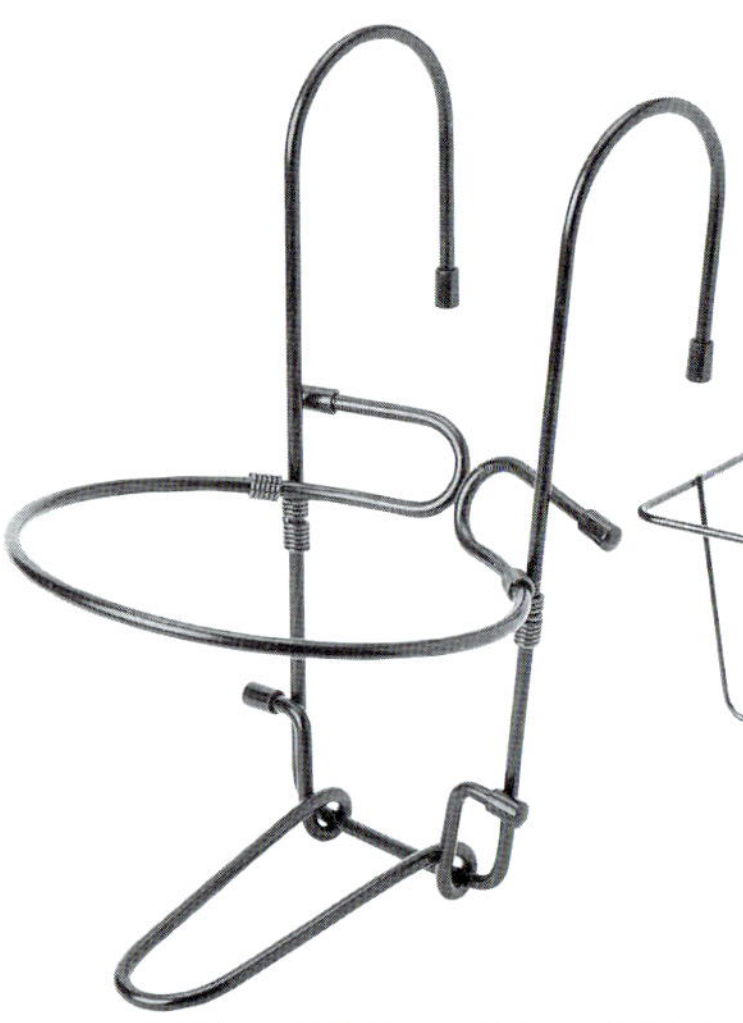

フェンス用鉢用ホルダー　バネつきで鉢の大きさに合わせてサイズを調節できる。壁かけ用やミニプランター用もある。

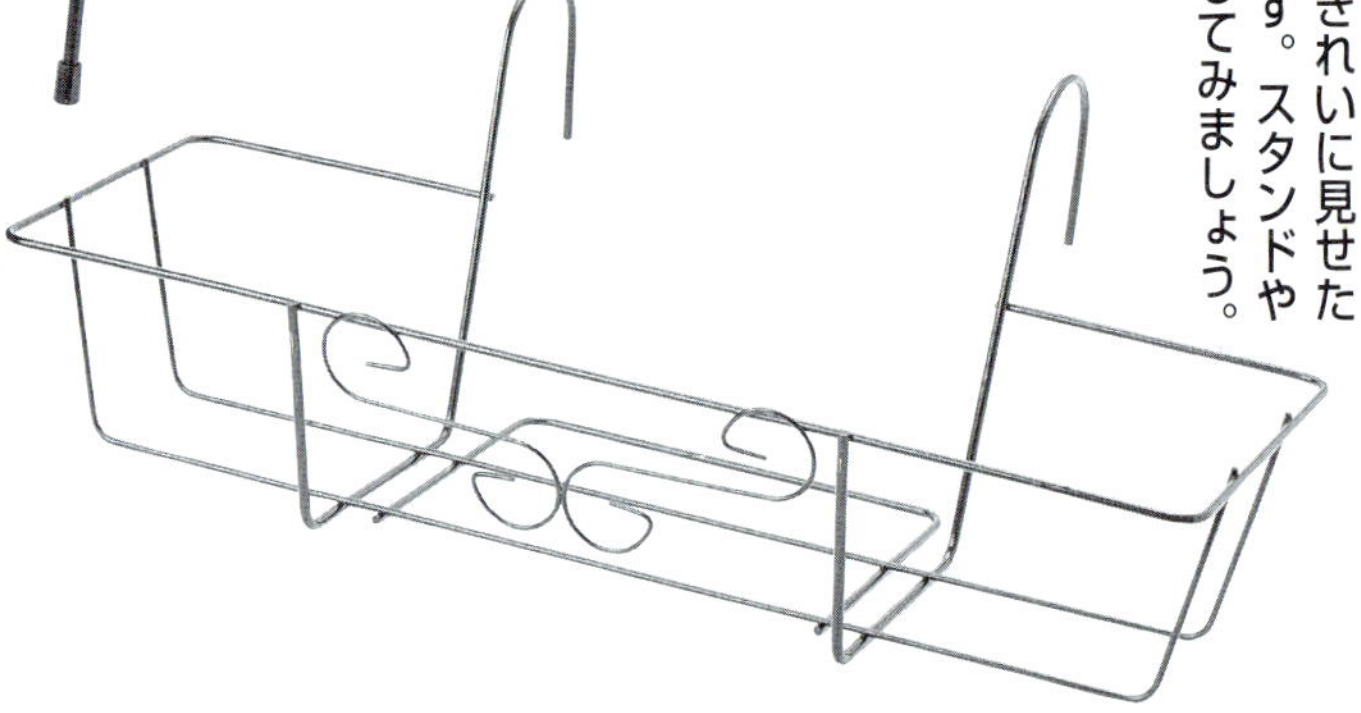

ボックスプランターホルダー　手すり用で、大きさやデザインはいろいろ。かける部分の幅を調節できるタイプもある。

●置く工夫

同じ植物を植えて統一感をとった2つの寄せ植えを、デザインや素材の違うスタンドに置いて変化のある組み合わせに。

スタンドとレンガ　殺風景になりがちなスタンドの足元に、レンガと素焼きコンテナであたたかさを演出。スタンドは、いろいろな大きさや高さのデザインのものがある。

丸太　専用グッズでなくても鉢台やスタンドがわりに使えるものはいろいろある。丸太は安定感があり、ナチュラルなイメージに。

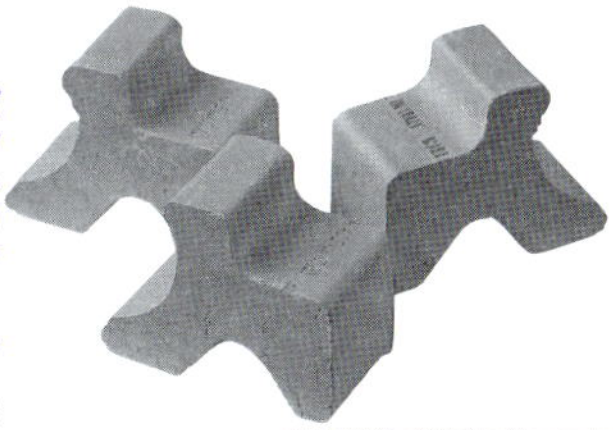

ポットフィート　素焼きのものが多く、いろいろなデザインや大きさのものがある。

素焼きのコンテナの足元には、同じ素材のおしゃれな渦巻き形のポットフィートを使用。鉢底と床の間の空間が地熱防止になる。

おしゃれな飾り方と置き場所の工夫

【ハンギングバスケット】

ハンギングバスケットには、壁かけタイプと吊りタイプがあります。壁かけタイプは、門扉やフェンス、塀や壁面などに飾ります。吊りタイプは玄関先やベランダの軒下、アーチなどに飾ります。バスケットをかける部分には大小のS字フックや専用の吊り下げ金具などを使って、落下などの事故が起きないようにとりつけることが大切です。

壁かけバスケットを短いS字フックを使って門扉に。とりはずしも手軽で構造物に傷をつけないので便利。

●かける工夫

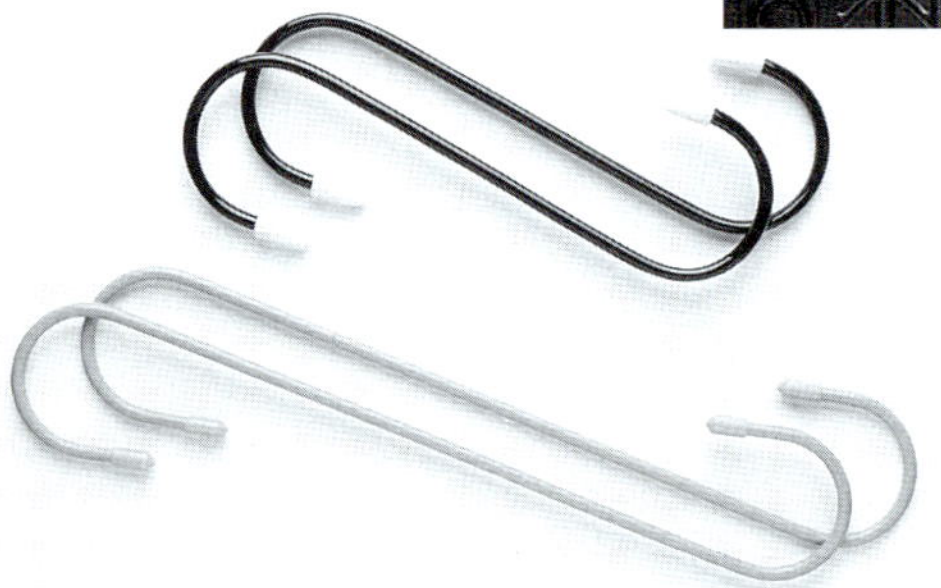

S字フック　吊り鉢やバスケットを吊るしたりかけたりするときに欠かせないグッズ。大きさ、長さ、太さがいろいろあるので、場所や鉢の重さに応じて使い分けを。

外壁と鉢の間に金属やプラスチックの網をかけて汚れ防止。

コンクリートの外壁へ専用のフックを固定。

外壁に壁かけバスケットをかける場合は、外壁の素材に合った専用フックを使って汚さない工夫を。

玄関わきの壁にラティスを立てて壁かけバスケットで飾る。殺風景なスペースも雰囲気のある場所に。

●吊る工夫

吊るタイプのハンギングバスケットは吊るす場所に困りがち。物干し竿などにS字フックをかければ、専用の吊り金具がなくても手軽に楽しめる。

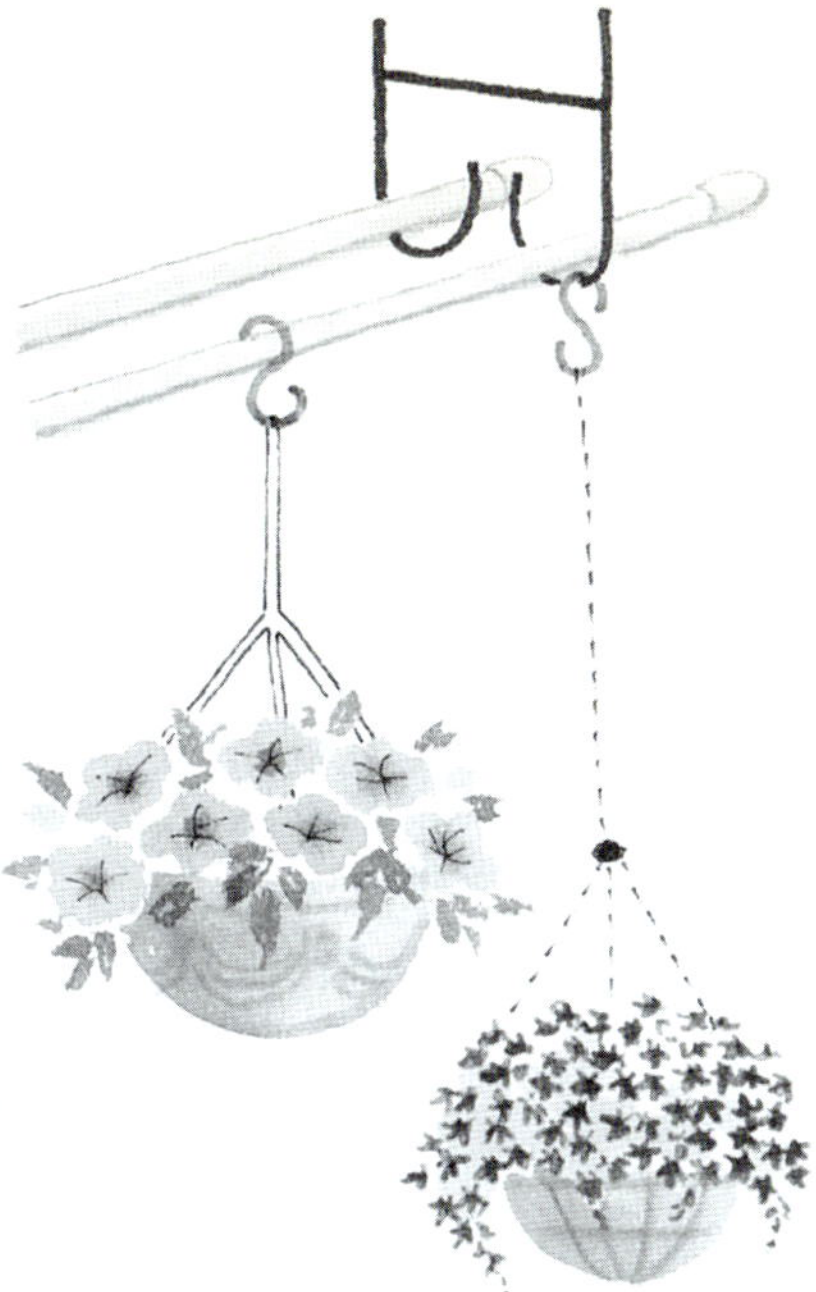

玄関ドアのわきに専用の吊り下げ金具をとりつけて飾る。金具は建物にクギのあとが残るので、建物とのバランスを見ながら、位置やデザインを決めたいもの。

どこへでも手軽に移動できるラティススタンドを使って、立体的なコーナー作りを。素材やデザインもいろいろなタイプがある。

枕木を1本立てて、吊り下げ金具や鉢受けホルダーをとりつけた花飾り。建物に傷をつけることなく、小さなスペースでも手軽にバスケットを飾れる楽しいアイディア。

メンテナンス6 MAINTENANCE

夏と冬の管理

植物にとって夏の高温多湿や冬の寒さは、過酷な環境となります。できるだけダメージを受けない対策をして保護しましょう。

夏の暑さ対策

梅雨時の長雨を避けてコンテナを軒下へ

梅雨時は多くの植物にとって注意が必要です。長期間雨に当てたままにすると、花が傷むものもありますし、乾燥を好む植物などは、根腐れを起こすこともあります。

コンテナは、軒下などの雨の当たらない場所に移動しましょう。その際、コンテナは十分間隔をあけて置き、できるだけ風通しをよくします。スノコや台の上に置くのも効果的です。

夏の蒸れ対策は間引き剪定で風通しよく

梅雨に入る前に込み合った枝や茎の間引き剪定をして、風の流れをつくり、蒸れないようにします。こんもりと茂った寄せ植えは特に中心部が蒸れやすく、病虫害の原因にもなります。中心部の茎を間引いて風通しをよくします。草姿が乱れた茎も切り戻しておきましょう。

葉が込み合っている場合は、茎を間引いてカットすると、風通しがよくなる。

台風が来る前に安全な場所へ移動を

強風で吊り鉢が落下したり大型のコンテナが倒れたりしないように、台風の来る前に対応しておきます。吊り鉢やベランダにかけたプランターは地面におろします。倒れやすそうな形のコンテナは風の当たらない場所に移動するか、倒しておきます。

冬の寒さ対策

寒風の強い場所には風よけを

冬越しさせる植物も、寒さに対する強さによって、室内にとり込んだほうがよいものと、戸外でもできるだけ暖かい場所で管理したほうがよいものがあります。寄せ植えに使った個々の植物について、図鑑などで性質を調べて、置き場所を移動しましょう。

特に注意が必要なのは、手すりがフェンス状のベランダなどです。冬になると強い風が当たり、思いのほか気温が下がり、乾燥します。高い階ほど風が強いので注意を。手すりは不織布やビニールなどで風よけをするとよいでしょう。

専用の風よけシートも市販されているが、レジャーシートなどでも代用できる。

寒さに弱いものは鉢上げを

寄せ植えした植物の中に室内にとり込んだほうがよいものがある場合には、その株だけを掘り上げて別の鉢に植えかえを。草丈の$\frac{1}{3}$程度に切り戻し、室内の日当たりに置いて管理します。掘り上げたあとには、寒さに強い草花を入れて、冬の寄せ植えを楽しみましょう。

戸外でも冬越しするものの耐寒性は弱い植物が入った寄せ植えは、その植物の草丈の$\frac{1}{3}$程度に切り戻します。できるだけ寒風が当たらない軒下の日当たりにコンテナを移動し、水を控えめにして管理を。冬に地上部が枯れるものは地ぎわから切り戻し、水やりを忘れないようにします。

メンテナンス7 MAINTENANCE

2～3年後には全体の植えかえを

寄せ植えされた植物は、ある程度時間がたつと、土が劣化したり根詰まりを起こしたりして、生育が悪くなります。2～3年後には全体の植えかえをしましょう。

樹木や花木を主役にして一部の株を植えかえながら楽しんだ寄せ植えも、全体を解体して新しい土で植えかえます。植えかえは、植物の生育が盛んな春か秋が適期です。花が一段落したときや、枯れた株を植えかえるときにそれぞれの株を掘り上げて、株の状態に合わせたメンテナンスをします。

枯れた株を抜く

根鉢から掘り起こして、土をふるい落として処分する。

樹木や花木はコンパクトにして植えかえる

（175ページ参照）

多年草は掘り上げる

大株になったら株分けを！

（左ページ参照）

1

移植ごてを根鉢の周りにさし込んで根を切り、そっと根鉢ごと掘り上げる。太い根や茎を傷めないように注意。

2

根鉢より一回り大きな鉢を用意し、新しい用土を使って植えつける。用土に肥料が入っていない場合は、鉢土に元肥を入れて植えつける。

3

草丈を1/3程度に切り戻す。枯れた枝や細めの枝もつけ根から切りとる。株の中心の葉や茎が込んでいる部分も、間引いて切る。

4

でき上がり。植えつけ後に、水が鉢底から流れ出るまでくらいたっぷりと与える。

多年草の株分け

多年草は、株が大きくなりすぎると、花つきが悪くなったり寄せ植えしたほかの植物の生育を妨げたりします。植えかえ時に株分けをして、株を若返らせます。株分けの基本は春に咲くものは晩秋に、秋に開花するものは早春に行います。写真のスパティフィラムは、初夏か初秋の暖かい時期に株分けを行います。

葉が込み合って、花数も少なくなってしまったスパティフィラム。鉢底からは根が飛び出し、水はけも悪い。

1 鉢から抜いて

根がびっしりと回り、水はけが悪い状態。根鉢がなかなか抜けない場合は、株元を持って鉢の縁をたたく。

2 2つに株分け

絡み合っていた根をほぐして、中心の分けやすい部分を株元から左右に引き離すようにして2つに割る。

3 新しい土で植えかえ

古い土を軽くふるい落とし、伸びすぎた根を$\frac{1}{3}$程度切り詰めて新しい用土で植える。

4 植えかえ完了

2株をそれぞれ植えて、たっぷりと水を与える。植えかえ後1～2週間は、風通しのよい日陰で管理。

挿し木でふやす苗作り

植えかえや切り戻しで切った枝は、挿し芽にして苗を作ることができます。数が少ないなら鉢やビニールポットで、多い場合は育苗箱を利用します。適期は、生育の盛んな4～5月と8月下旬～9月。自分で育てた苗を使えば、安上がりで寄せ植え作りが楽しめます。

1 育苗箱に用土を入れ、箸で挿し穴をあける。用土は清潔で肥料分の入っていない、小粒の赤玉土や鹿沼土、バーミキュライトなどを利用するか、市販の挿し芽専用用土を使う。

2 挿し穂の葉を4～5枚つけて下葉をとり、挿し穂の½程度が土に埋まるように挿し穴にさし込む。土を寄せて上からそっと押さえ、すべて挿し終わったらたっぷりと水を与える。

3 半日陰に置いて用土が乾かないように管理し、2週間くらいたって、新芽が伸び始めて茎がぐらぐらしなければ根が伸びている証拠。さらに半月したら掘り上げて鉢に植えかえる。

イポメアの挿し芽

サツマイモの仲間のイポメアは生育が旺盛で、茎を土にさすだけで根を出す。ポットなどで育てなくても、伸びすぎた茎を切ってバスケットの側面に直接さすだけで根づいて、茎を伸ばす。

オリヅルランの子株分け

茎の先端や途中に子株を作る性質のオリヅルランは、子株を切りとって苗にする。ビニールポットに土を入れ、子株の株元を土に埋めるように植えればOK。適期は5～9月。

樹木や花木はコンパクトに

コンテナで寄せ植えにしていた樹木は、大きくなりすぎると、寄せ植え全体のバランスが悪くなります。植えかえるときに伸びすぎた枝を剪定して樹形を整え、購入したときと同じ程度の大きさの鉢に植えかえると場所をとりません。盆栽感覚で楽しんでみましょう。

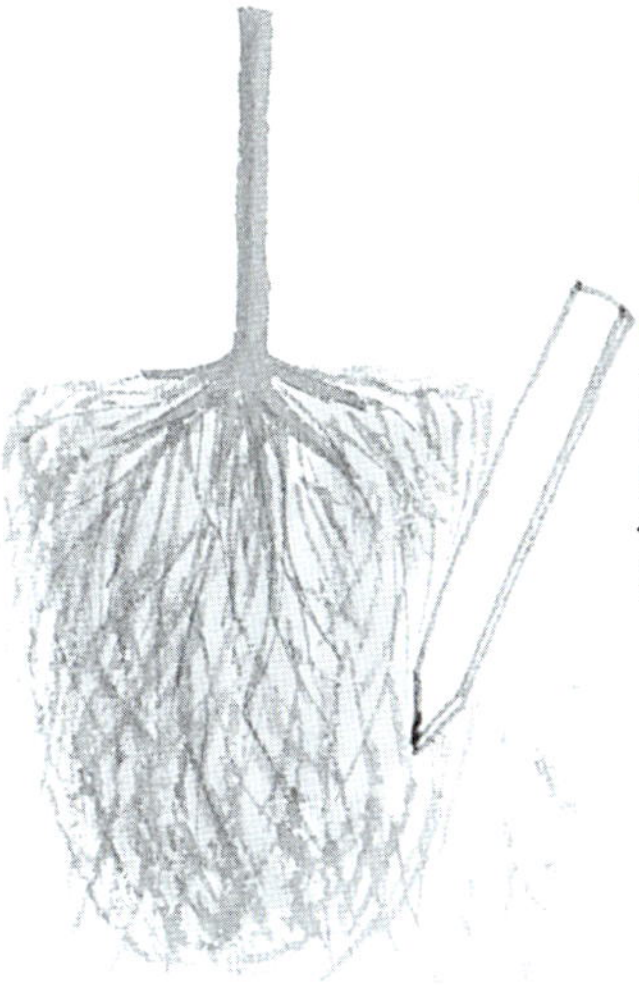

1

コンテナから株を掘り上げて、根鉢の周りの土を⅓程度、竹べらなどを使って削り落とす。

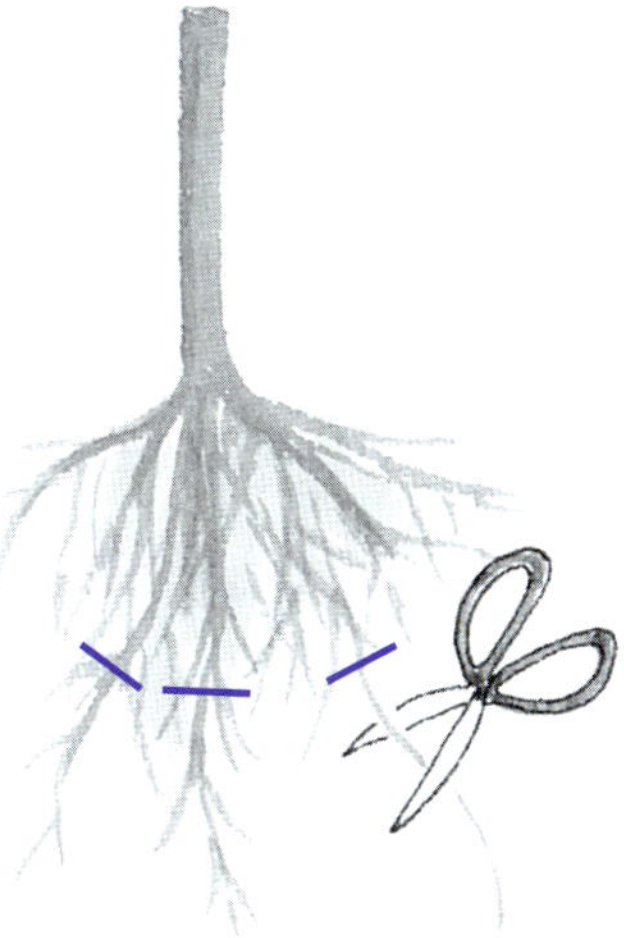

2

削り落とした根鉢の周りの、伸びすぎた根をハサミで切る。太い根も切ると細い根が出やすくなる。

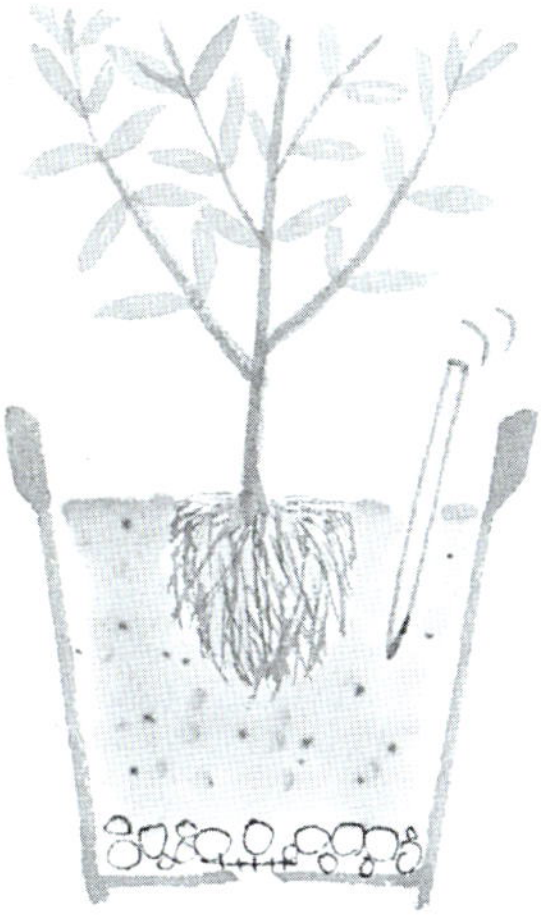

3

鉢に新しい用土を入れて根鉢を置き、土を足し入れながらすき間のないように棒で突つき、根鉢の表面が隠れる程度の深さに植える。

4

植えかえ後は、たっぷりと水を与え、15～20日くらいたってから肥料を施す。新しい芽が出て回復してから新しい寄せ植えの材料に。

メンテナンス8 MAINTENANCE

古くなった土の再利用

コンテナやハンギングバスケットに使った古土は、処分に困ることが多いもの。適切な処置をすれば、再利用することが可能です。

一度使った土は、病害虫に侵されていたり、みじんがふえて排水性や通気性が悪くなったりしています。そのまま植物を植えるとうまく育たないことが多いので、手を加えてから次の寄せ植えに再利用しましょう。左の手順で処理をすれば、再び用土として利用できます。少量でもできて手軽な方法なので、試してみてください。

[古い土のリサイクル法]

1 あらい目のフルイを使って切れた根やゴミ、鉢底土などをふるいとる。さらにもう一度こまかいフルイで土の中のみじんをとり除く。

2 新聞紙の上にふるいとった土を広げ、日に当ててときどきかき混ぜながら乾燥させる。ビニール袋に入れて口をひもでしっかりと結んで夏まで保管する。

3 真夏にビニール袋に土を⅓程度詰めて少し水を入れて湿らせ、口を縛って平らにして10日以上直射日光に当てる。ときどき裏返す。

寒冷地では寒さを利用

寒冷地では霜や寒さに当てて殺菌消毒する方法もあります。プレートに土を広げ、水をかけて湿らせて3週間に1回の間隔でかき混ぜて寒さに当てます。

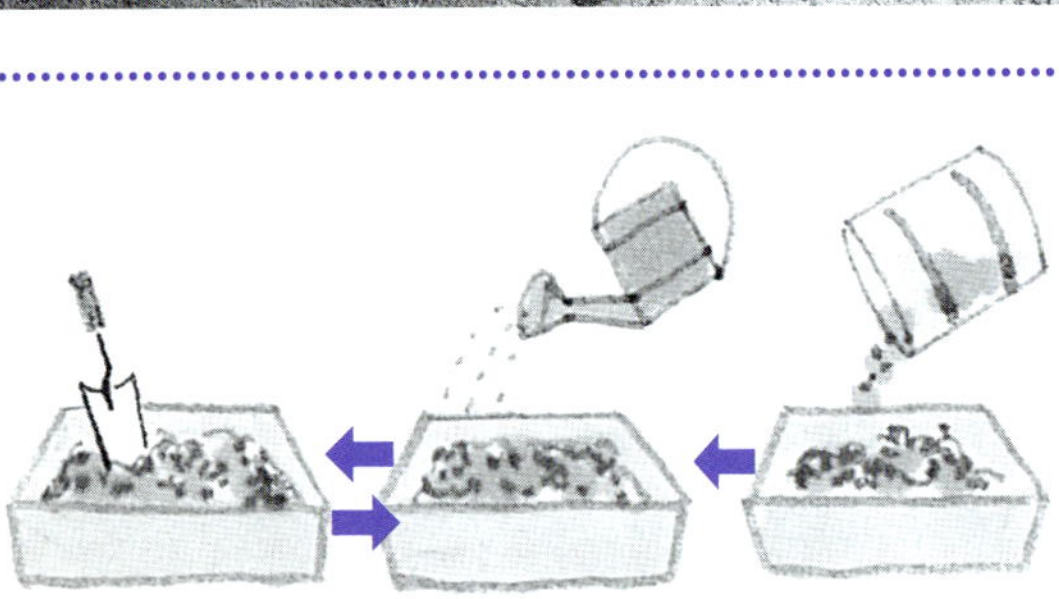

［再び使うときの土作り］

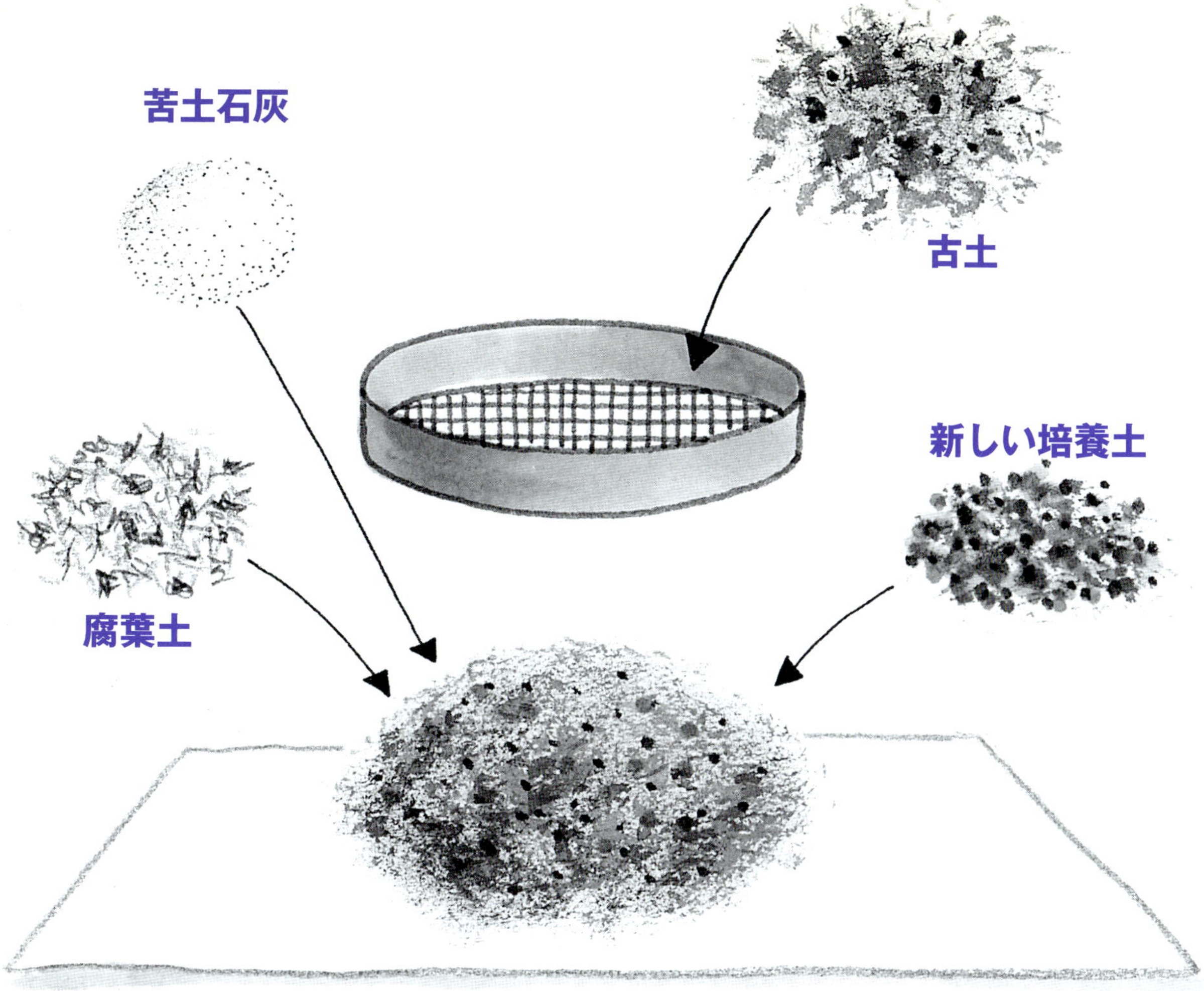

再利用の方法

古い土だけでは肥料分が不足し、十分な生育は望めません。再利用するには古土1ℓあたりに苦土石灰を5～7g、腐葉土を古土全体の2～3割程度混ぜ、さらに新しい培養土を2～3割加えます。苦土石灰はあらかじめ混ぜ合わせておきます。

土壌改良材を使う

最近では、簡単に古土を再生できるいろいろな土壌改良材が市販されています。代表的な土壌改良材は、堆肥などの有機質材です。肥料成分や酸度調整剤が配合されているものは、手軽に使えておすすめです。袋の説明書をよく見て使用しましょう。

上は古土に1割混ぜるだけで、手軽に古土を再生できるリサイクル材。下は酸度調整と雑菌類の発生を防ぐミリオン。

メンテナンス9 MAINTENANCE

知っておきたいQ&A

Q 4号鉢とか5号鉢とかって、どのくらいの大きさ？

A 「号」は鉢の口径をあらわす単位です。1号は約3cmで、4号なら3cm×4で約12cmの口径の鉢になります。また、口径と同じ深さの鉢を普通鉢（標準鉢ともいう）といい、最も一般的なものです。口径の半分の深さを半鉢（平鉢）、口径より深いものを深鉢（長鉢、腰高鉢、懸崖鉢）といいます。

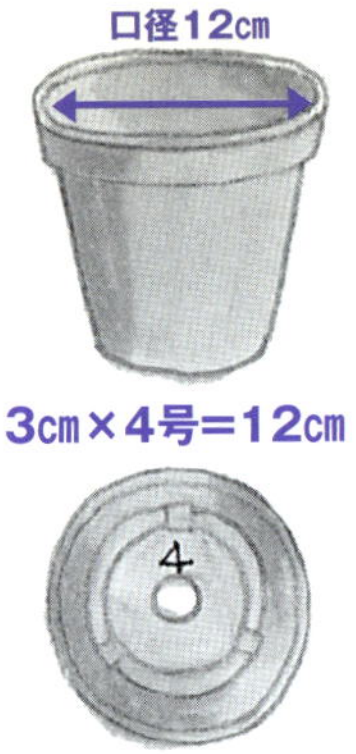

号は鉢底に表示。2～8号までは0.5号ずつサイズが上がって大きくなる。

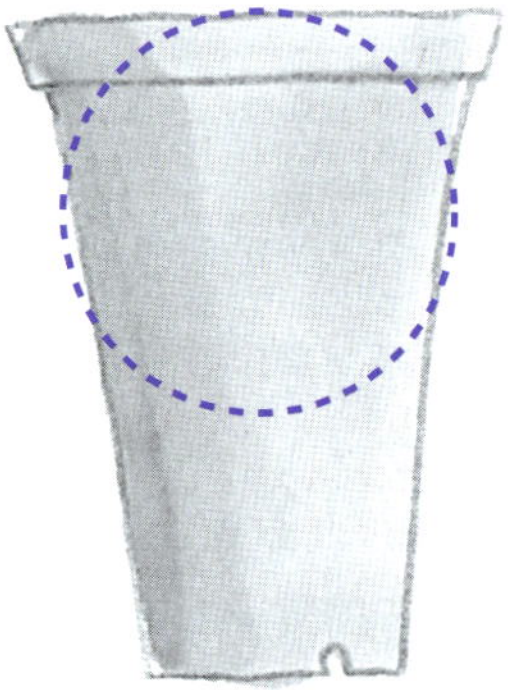

深鉢　根が深く伸びるものや草丈の高くなる植物向き。花木や観葉植物などに。

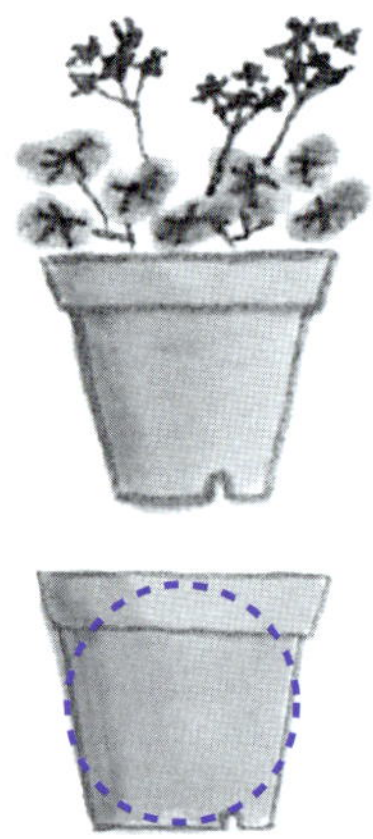

普通鉢　最も一般的な鉢で、ほとんどの植物に向いている。鉢花として流通するものに多く利用。

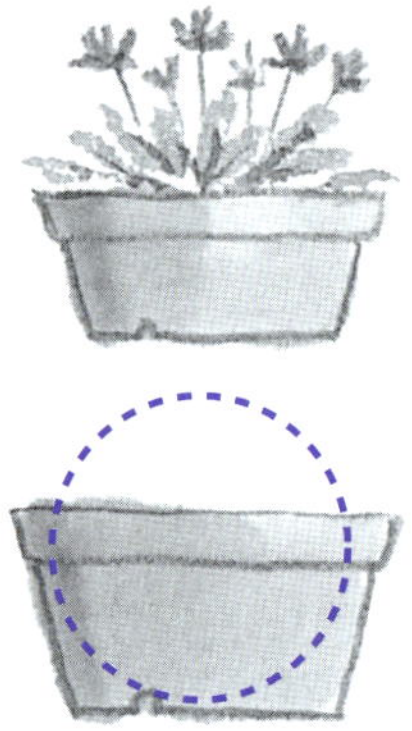

半鉢　深さが浅く素焼き鉢に多い。根があまり深く張らない植物向き。挿し木を少数作るときにも利用可。

Q 鉢底ネットは必要？

A 鉢底ネットは、排水用の穴から害虫の侵入や土の流失を防ぐために用いるものです。大きな穴があいている鉢には必要ですが、小さな穴が多くあいているプラスチック鉢や写真のようにネット状のプレートがセットされているプランターなどには不要です。鉢底ネットは専用のものが市販されていますが、果物や野菜の入っていたネット袋や網戸の切れ端なども利用できます。

ネット状のプレートつきのプランター。プレートは植えかえ時には根くずなどをとってよく洗い流す。

Q ゴロ土って何ですか？

A 水はけや通気性をよくするために、鉢やプランターの底に入れるあらめの用材です。パミスや人工軽石が鉢が重くならず、排水性もよいので便利です。ゴロ土は、鉢の深さの1/5程度を目安に鉢底に入れます。深さのない鉢には不要です。大型の深鉢には発泡スチロール片を入れると、鉢全体の重量を軽くできます。

Q ひとつのコンテナに植える苗の数はどのくらい？

A 植え込むコンテナが決まったら、デザインや配置をイメージしながら苗を並べてみます。多くの苗を入れると最初は華やかな寄せ植えになりますが、根が十分に育つスペースがないので寄せ植えの寿命は短くなります。特に大株に育つパンジーやペチュニアは、十分間隔をあけて植えつけると根がしっかりと育ち、花つきがよくなります。

パンジーとシロタエギクの寄せ植え。どちらも生育が旺盛。ときとともにボリュームある寄せ植えに。

Q 植えつけのとき、土をこぼさないで後始末が楽な方法は？

A 大きなバケツを用意し、この中で株を扱うと床を汚さずに作業ができます。床に新聞紙やビニールシートを敷けば、さらに安心。使い古したタライなども、寄せ植えの植えかえや土を配合して混ぜるときに便利。

植え込みをするときに根鉢をほぐしたり、株分けをしたりするときにバケツの中で作業すれば、土の処理もしやすい。

Q コンテナに合った土の量を購入するには？

A 培養土の袋に、使用する鉢に必要な土の量の目安が書かれているものもあります。表示がないものは、購入時に使用する鉢の大きさを伝えて相談してみましょう。

鉢の深さによっても変わりますが、5号の普通鉢では約1.3ℓ、口径30cmのローボウルでは約5ℓ、口径26cmのポット型コンテナでは約9ℓ、長さ65cmのプランター型は約12~13ℓを目安に。

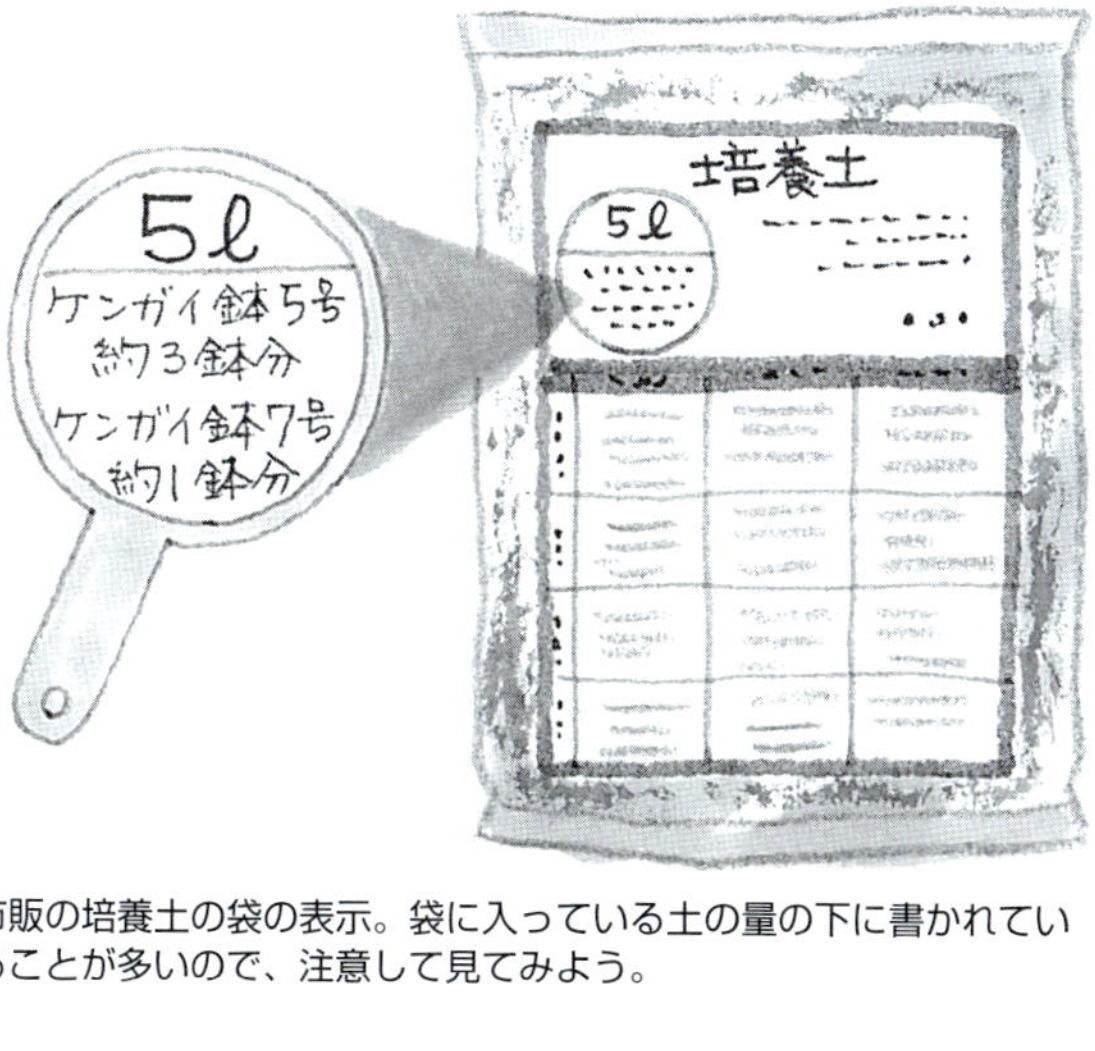

市販の培養土の袋の表示。袋に入っている土の量の下に書かれていることが多いので、注意して見てみよう。

Q ハンギングバスケットに水やりしてもすぐに乾いてしまうのは？

A ハンギングバスケットは側面からも水分が蒸発するので乾燥しやすく、ヤシ殻マットや水ごけなどを敷くワイヤタイプは特に乾きが速いので、株元だけでなく側面にもたっぷりと水をかけましょう。高い場所に飾ったバスケットは、長いノズルを利用してシャワー状態でたっぷりと与えます。乾燥のひどい場合は、バケツに水を入れてバスケットの底部をつけてしみ込ませます。

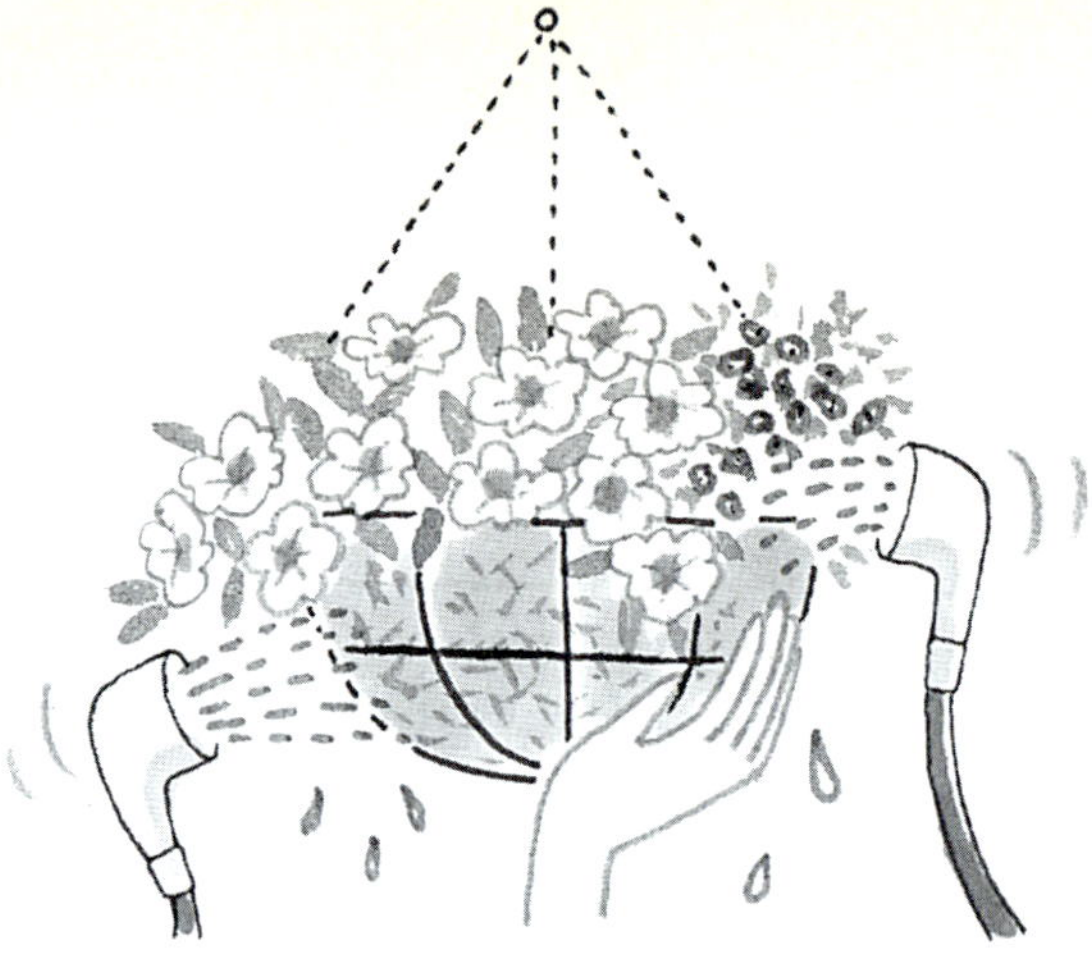

高い位置にかけたバスケットは、長いノズルを使って水やりを。全体の株元にたっぷりと与えたあと、ゆっくりと側面全体にも水をかける。

Q 水やりをしたら、鉢土の表面に穴があいてしまったのは？

A 植えつけたときに根鉢の高さがそろっていなかったり、土がきちんと入っていなかったりしたのが原因です。すき間ができていた部分に水がしみ込むと、土が下がって穴があいたようになります。植えつけ後には必ず鉢土の表面を手でさわり、表面が平らになっていることを確認します。正面から見えない部分もへこみやでっぱりがないか、しっかり確かめましょう。

根鉢の高さはそろえて、すき間にしっかりと土を入れること。根鉢が浮き上がっていたり、穴があいて根鉢がむきだしになっていると、根の生育が悪くなり枯れる原因にもなるので注意。

Q 水やりをしても水が表面にたまって抜けないのはなぜ？

A 排水の悪い用土で植えたか、根詰まりをしているのが原因。何年も植えかえをしないと土が劣化し、根が鉢に回りすぎて水はけが悪くなります。2〜3年たった寄せ植えはすべてを解体して植えかえましょう。

水やりは、水といっしょに新しい酸素を根に送り込む働きもするので、水はけをよくしておくことが大切。

Q 根腐れを起こして枯れてしまった原因は？

A 病気に侵されたか、水の与えすぎかもしれません。寄せ植えの一部の株が根腐れを起こした場合は、根鉢の周りの土もいっしょに掘り上げて処分し、水やりを控えめにします。周囲の株が生長してカバーしてくれそうなら、そのまま育てます。

Q コンテナの底穴から根が伸びてきたのは？

A コンテナの中で根がいっぱいになった証拠です。そのままほうっておくと、やがて根詰まりを起こして、寄せ植え全体の生育が悪くなります。初夏や秋ならできるだけ早く植えかえます。樹木や生育旺盛な寄せ植えのコンテナを地面に直接置いておくと、しだいに穴から根を伸ばして移動できない状態になることも。必ず地面とコンテナの間は空間をあけておきます。

伸びだした根は切って、できるだけ早く植えかえる。根をそのままほうっておくと、病気に侵される原因にも。

Q 植物がみんな同じ方向に向いてバランスが悪くなった。どうすれば？

A 植物は日の当たる方向に向かって伸びていく性質があります。コンテナの一方向からしか日が当たらない場所では、ときどき向きを変えて置くようにします。バランスが悪くなってしまった場合は、伸びすぎている部分を少し切り戻し、全体に日が当たるようにときどき向きを変えましょう。

Q ジョウロのハス口のじょうずな使い方は？

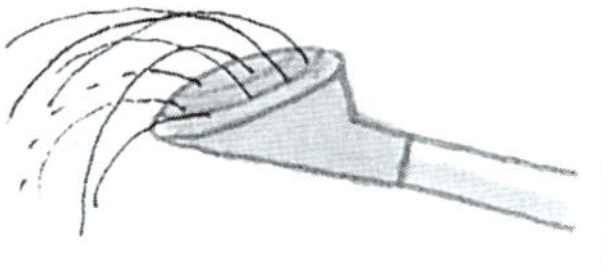
上向きにするとふんわりとした水流になる。優しい水やりに。

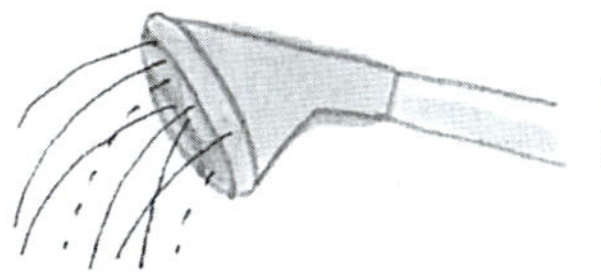
下向きにすると与えたい場所に集中できる。

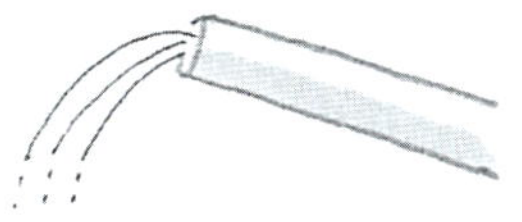
葉や花に水をかけたくない場合は、ハス口をはずして株元へ。

A ハス口はジョウロによって、ついているものとついていないものがあります。購入する場合はついているものを選び、水を与える目的によって使い分けると便利です。ハス口をつけることで水の勢いがふんわりと変わり、タネをまいた苗床などには優しい水やりができます。

Q テラコッタの鉢が白い粉を吹いたようになったのは？

A 白く浮き出ているのは、水の中の塩素や肥料成分がしみ出てきたものです。そのままで見苦しい場合は、タワシを使って洗い流しましょう。植えかえのときに鉢を水の中にしばらくつけてからタワシでこすると落としやすくなります。

鉢に浮き出た白いしみ。かびではないので気にならなければそのままに。水につけおきしてから洗うのがコツ。

Q 使い終わったコンテナの保管法は？

A どんな素材の鉢もきれいに水洗いし、よく乾燥させてから保管します。プラスチック鉢や素焼き鉢以外の自然素材のコンテナは、洗って乾かしたあとに、防腐剤を塗っておくと長もちします。ハンギングバスケットの古くなったマットや水ごけは処分し、新しいものと交換します。

タワシを使ってきれいに洗い流す。落ちにくい場合は、バケツなどにつけおきしてしてから洗う。

Q 買ったときはコンパクトだったのに、翌年突然、大株になったのはなぜ？

A サルビア・グアラニチカ（メドウセージの名前で流通）など草丈が高くなる植物は、矮化剤をかけて低く仕立てたものが多く出回ります。このような株は、翌年には矮化剤の効力が消えて本来の草丈に戻ってしまいます。草丈を低くしたい場合は、矮化剤をかけるか、生長期に切り戻します。

Q 支柱に枝をくくりつけたら、その部分から枯れてしまった

A 支柱に枝を誘引するときにきつく縛りすぎて、必要な水分や栄養がその部分で寸断されたためです。ビニタイやひもをかける場合は、8の字を描くように交差させ、ゆったりと余裕をもたせてとめるようにします。

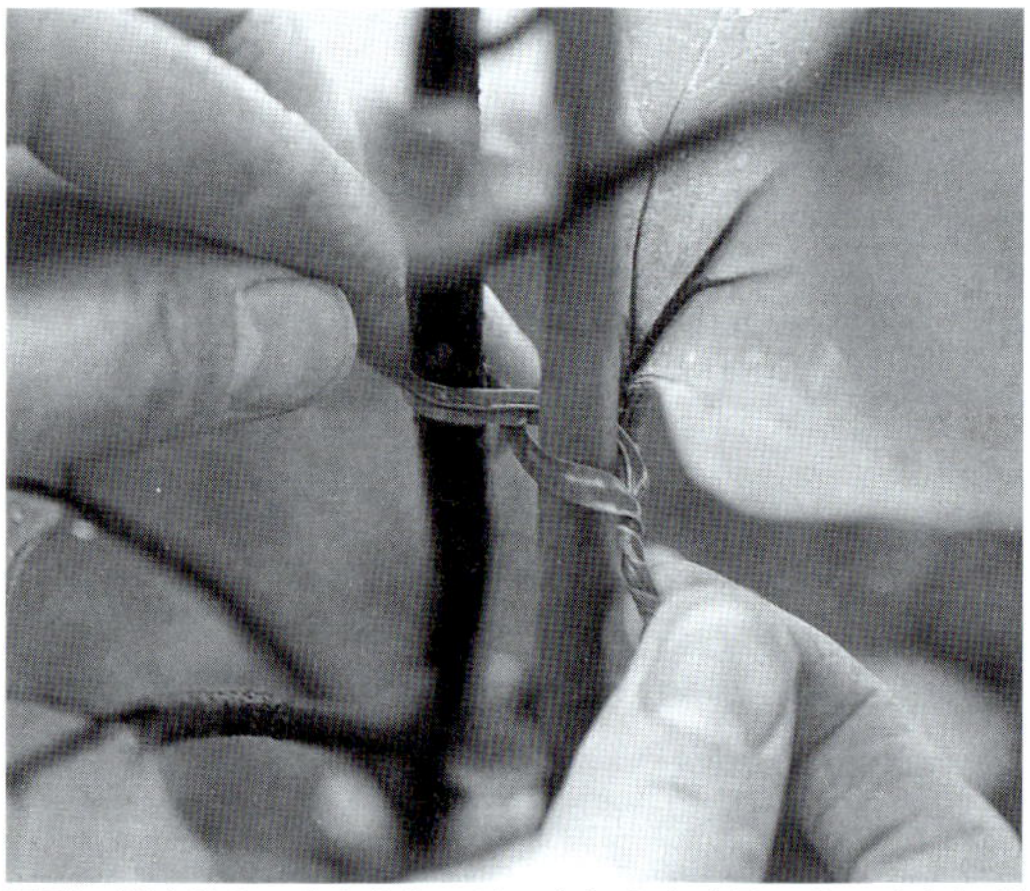

誘引の基本は8の字を作り、ゆったりととめること。ゆとりがあれば、茎が太くなってもすぐにくい込むことはない。

Q よい球根の見分け方ってありますか？

A 表面がきれいで病斑がなく、形のきれいな球根を選びます。また、持ってみてかたく締まり、ふかふかしていないことも大切です。球根の出回り始めのほうがよいものが選べます。早めに購入を。

見ただけでなく、さわって確認することが、よい球根を選ぶポイント。

Q 球根を掘り上げるタイミングは？

A 球根は花が終わって葉が黄色になったころが掘り上げるタイミングです。葉の養分や必要な栄養を蓄えて休眠に入ります。しかし、寄せ植えではバランスの悪い状態を長く見るよりも、一年草と同様、花が終わったら掘り上げて季節の草花と植えかえるのも一案です。

Q ビニールポットの活用法は？

A ハンギングバスケットやストロベリーポットへ苗を植え込むときにビニールポットを利用すると、簡単にさし込み口へ入れることができます。ビニールポットを左記のように切り離し、根鉢に巻いて根をカバーしながら植えられるので根を傷める心配がありません。

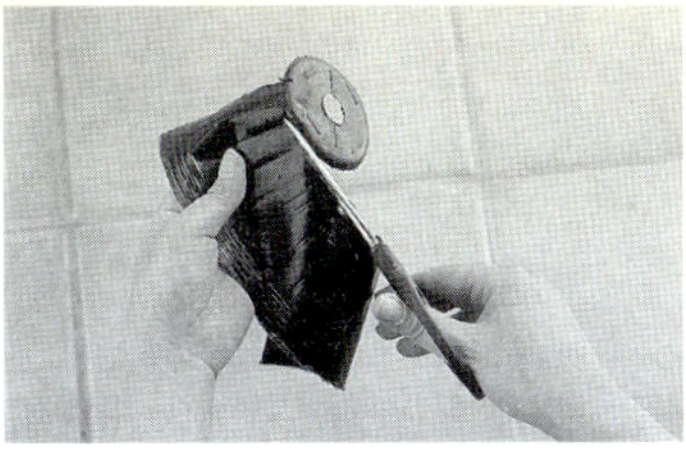
ビニールポットの底の部分を切り離す。

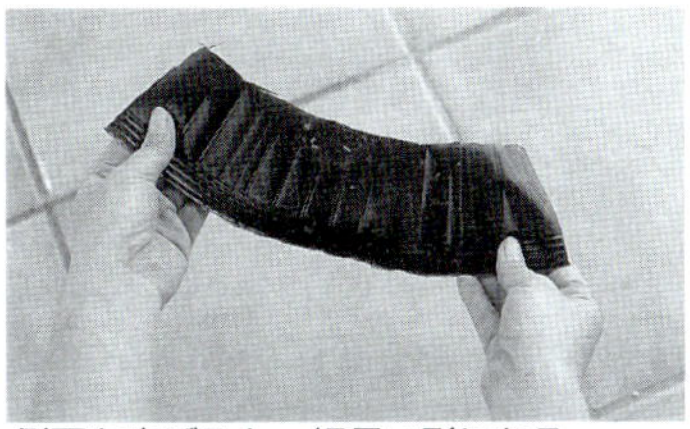
側面を広げると、細長い形になる。

ほぐした根鉢に巻いて植えつけ、植え終わったらはずす。

Q 室内で楽しむ寄せ植えは、どんな植物を植えたらいいですか？

A 室内では光量が少ないので、観葉植物の寄せ植えがおすすめです。葉の形や斑模様など、草花とはまた違ったグリーンの寄せ植えを楽しみましょう。観葉植物は明るい窓辺を好むものや室内の奥でも大丈夫なものなど、種類によって好む環境が違います。寄せ植えにする場合は、置き場所を考慮し、同じ環境を好むもので組み合わせると失敗がありません。

壁かけバスケットに斑模様や葉色の美しいオリヅルランやディフェンバキア、ポトスで作った寄せ植え。

Q 室内の大きなコンテナは、動かすのがたいへんです

A 鉢受け皿にキャスターのついたものがホームセンターなどで市販されています。鉢を持ち上げる必要がないので、楽に鉢の移動ができるおすすめグッズです。適当な大きさの板にキャスターをつけて、手作りするのも楽しいものです。

キャスターは5個つき。いろいろなサイズがあるので鉢の大きさに合わせて選ぶとよい。

Q 切り戻した枝を水に挿しておいたら、根が出てきました

A 新しい用土に植えつけ、根がしっかり根づくまで日陰に置いて水をきらさないように管理します。ポトスやシンゴニウムなどは、コップに水を入れておくだけで根が出てきます。もちろんそのまま水栽培してもOKです。根腐れ防止剤のミリオンを入れて、ときどき水を入れかえましょう。

Q ハイドロボールの使い方は？

A ハイドロボールは水耕栽培用に作られた専用用土です。粘土を高温で焼いて発泡させたもので、粒の一つひとつが水分や空気を含む構造になっています。土と違って無菌なので、食卓の上などに飾っても楽しめます。容器の深さの1/5くらいまで水を入れ、なくなったら同じ量を注ぎます。株の元気がなくなったときに、1000倍に薄めた液肥を水やりがわりに与えます。

貝のような形の白い皿に植えたディッシュガーデン。室内に一鉢あるだけでおしゃれな雰囲気に。

ハイドロボールの種類

小粒、中粒、大粒の3種類があり、植える容器や植物の大きさに合わせて使い分ける。洗えば何度でも使うことができる。

用意するもの

ドラセナ・ゴッドセフィアーナ、ペペロミア、ポトス、フィカス・プミラ、皿、ハイドロボール、根腐れ防止剤（ミリオンなど）

1

根腐れ防止剤を、皿の底が見えない程度に軽く敷き詰め、ハイドロボールを2～3㎝入れる。

2

土に植えられていた苗はポットから抜いて根を傷めないようにそっと土を落とす。

3

根に土が残らないようにていねいに水で洗い落とす。植える苗をすべて2と3の作業をして準備する。

4

根が片寄らないように広げて、ハイドロボールを足し入れながら苗をすべて植えつける。

Q 寄せ植え作りの上達法は？

A 最も大切なことは、それぞれの植物の特徴や性質を知って、同じ環境を好むもので組み合わせができること。しかし、同じ植物でも種類や品種によって生育条件が違います。興味をもった草花に出合ったときは、本で調べたり購入時に聞くなど、少しずつ植物への知識を広げていきましょう。寄せ植えノートを作って作品の写真や生育記録などをメモしておくと楽しみも広がります。

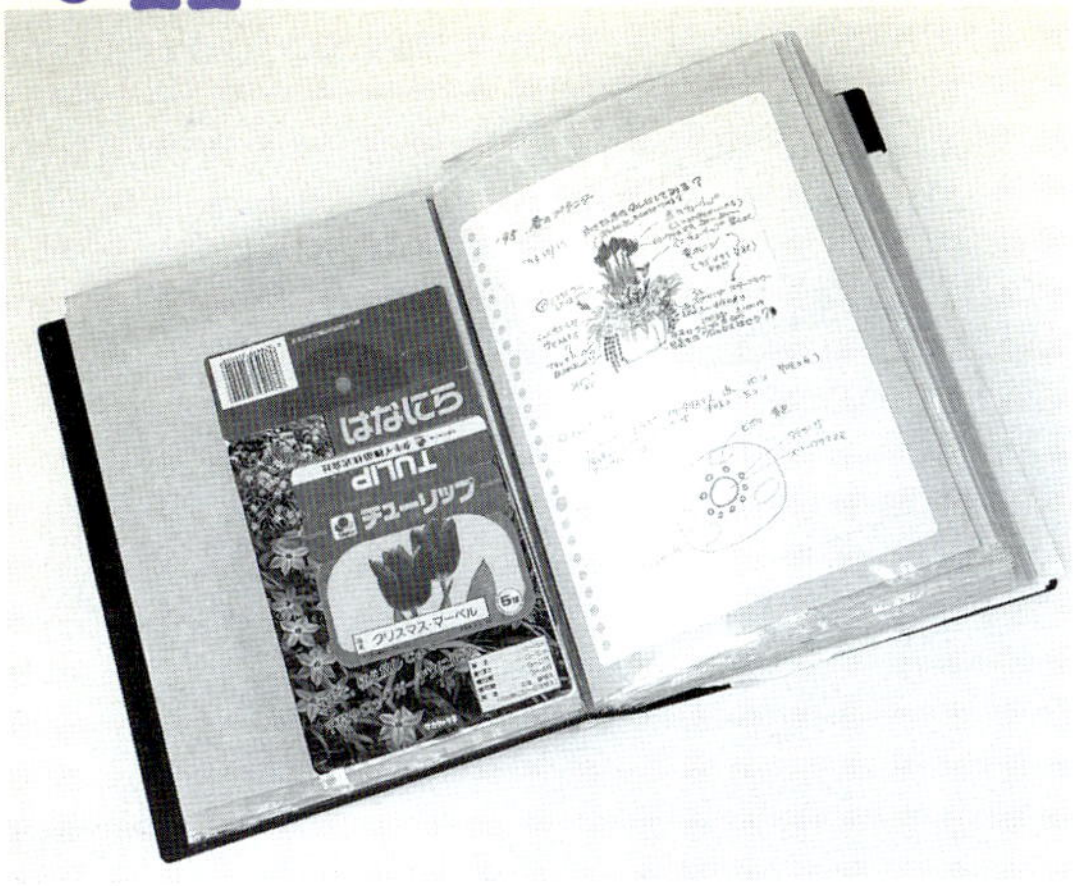

植物のパンフレットや記録メモをいっしょにファイルしておくと、いつでも見直せる寄せ植えのレシピ帳に。

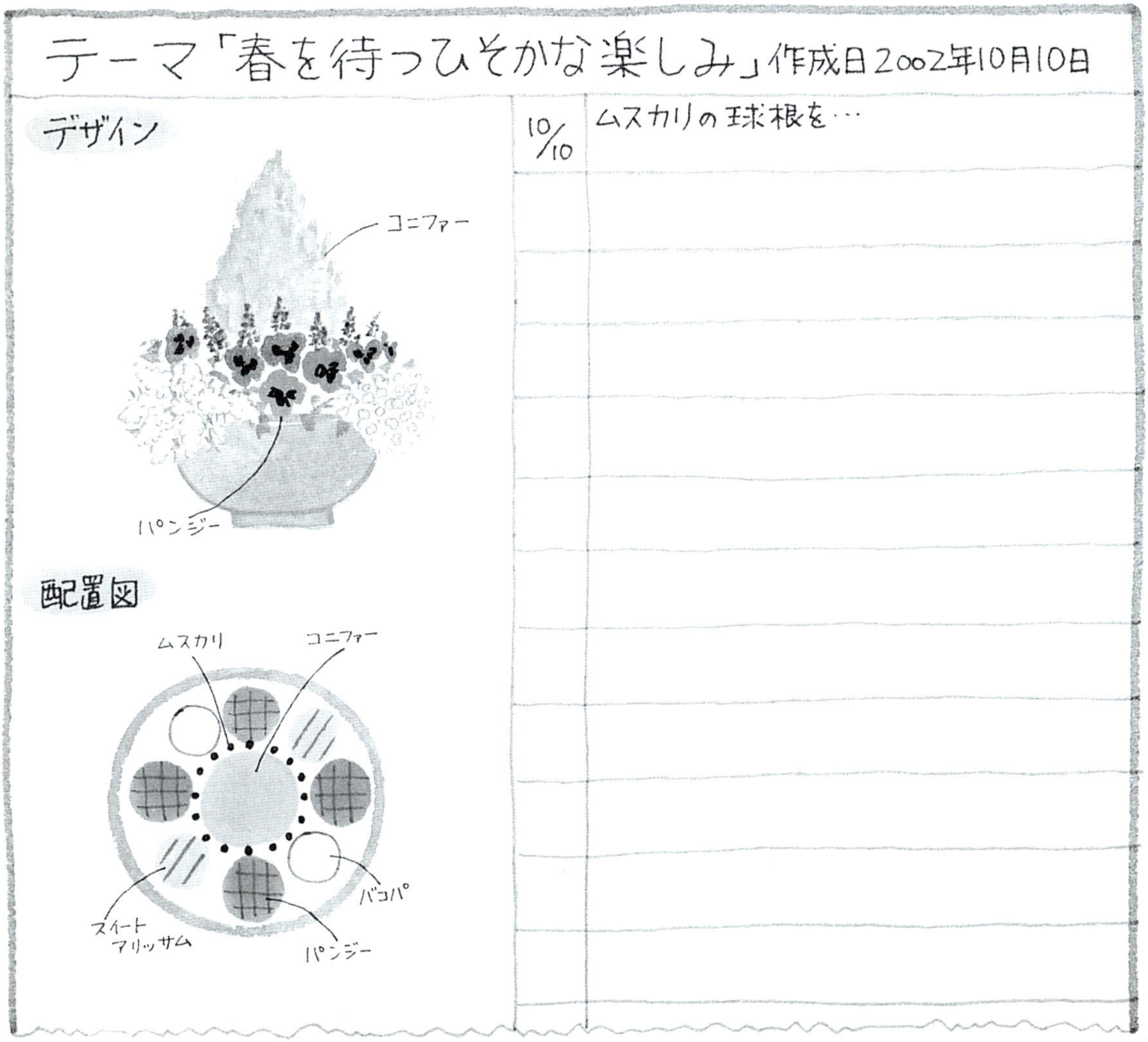

園芸用語ミニ事典

本書では、寄せ植え作りははじめてという方が読んでも、実際に作業できるよう、できるだけわかりやすい言葉で説明することを心がけました。ここでは、あらためて寄せ植え作りに欠かせない、基本用語を簡単にまとめてあります。

赤玉土（あかだまつち）　関東ロームの中層にある赤土。水はけがよく、通気性がよい土で、園芸用土で最もよく使われる基本用土。大粒、中粒、小粒がある。

一日花（いちにちばな）　開花したその日にしぼんでしまう花。

一年草（いちねんそう）　タネをまいてから生長して花が咲き、枯れるまでの期間が1年以内の植物のこと。

一季咲き（いっきざき）　季節変化がある自然条件の中で、1年のうち1回だけ定まった季節に花を咲かせる性質。

液肥（えきひ）　液体タイプの肥料。水やりのときに原液を薄めて使うタイプが多い。

化成肥料（かせいひりょう）　化学的に製造した2種類以上の肥料分を含む化学肥料のこと。

鹿沼土（かぬまつち）　関東ロームの黒土、赤土の下層にある黄色の玉土で酸性。通気性や保水性がよく、酸性を好む植物向き。

カリ　植物が生長するうえで欠かせない肥料分のひとつ。カリウムともいう。根や茎などを丈夫にする。

緩効性肥料（かんこうせいひりょう）　与えてから少しずつ効きめを発揮し、長い間その効果が続くタイプの肥料。

切り戻し（きりもどし）　長く伸びた枝や古くなった枝を切り詰めること。新しく元気な枝をたくさん出させるために行うこともある。

ゴロ土（ごろつち）　鉢土の水はけ、通気性をよくするために鉢底に敷く軽石や赤玉土の大粒などのこと。

混植（こんしょく）　同じ容器や場所に何種類かの植物を植えること。

コンテナ　鉢やプランターなど、植物を育てる容器のこと。

酸性土（さんせいど）　土の酸度をペーハー（pH）であらわし、pH7が中性、それ以下は酸性がしだいに強くなる。多くの植物は中性から弱酸性を好み、適当でないと養分を吸収できない。

四季咲き（しきざき）　一定の開花時期をもたず、茎や枝がある程度生長すれば開花する性質。

地ぎわ（じぎわ）　植物の地上部分の中で地面にいちばん近いところ。

スタンダード仕立て（すたんだーどじたて）　樹木の下部の枝を落として、上部を丸などの形に刈り込んだ仕立て方。

剪定（せんてい）　樹形を整えたり、植物がこれ以上大きくなるのを抑えたりするために枝を刈り込むこと。

耐寒性（たいかんせい）　0度以下の環境でも植物が枯死しない性質、能力。

堆肥（たいひ）　落ち葉や油かすなどの有機物を発酵、熟成させたもの。土中の微生物の働きを活発にし、土をふかふかにして、通気性や保水性を高める働きがある。

立ち性（たちせい）　植物が上方向にまっすぐ伸びる性質のこと。

多年草（たねんそう）　タネをまいて株ができると、枯れずに数年にわたって花が咲く植物のこと。冬になると地上部が枯れて、地下部だけが生き残るものと、地上部も枯れないものがある。地上部が枯れるものを、宿根草（しゅっこんそう）ということもある。

単植（たんしょく）　同じ容器や場所に1種類の植物だけを植えること。

窒素（ちっそ）　植物が生長するうえで、欠かせない肥料分のひとつ。葉や茎の生長に

役立つ成分で、苗の生長期に多く与えるとよい。与えすぎると葉ばかり茂って花つきが悪くなる。

中量要素（ちゅうりょうようそ）　マグネシウム、カルシウム、硫黄をさす肥料成分。

直根性（ちょっこんせい）　根があまり枝分かれせずに、主根が太くなってまっすぐに伸びる性質のこと。

追肥（ついひ）　植物の生長に合わせて、途中で与える肥料のこと。

トピアリー　ツゲやコニファーなどの樹木の枝を刈り込んで丸や四角などの形に仕立てたもの。また、ワイヤなどで形を作ったものに、つる性の植物や匍匐性の植物を絡ませたもの。

摘芯（てきしん）　茎の先端の芽を摘みとること。草丈が高くなりすぎるのを防いだり、わき芽を伸ばして枝の数をふやしたりするために行う作業。

徒長（とちょう）　茎や枝がヒョロヒョロ伸びること。

二年草（にねんそう）　タネをまいてから生長して花が咲き、枯れるまでの期間が1年以上2年以内の植物のこと。

根腐れ（ねぐされ）　水のやりすぎ、水はけの悪さなどが原因で根が腐ること。

根詰まり（ねづまり）　鉢いっぱいに根が伸びて窮屈になり、通気や排水がうまくできなくなった状態。

根鉢（ねばち）　鉢から苗を抜いたとき、根と周りの土で鉢の形になっている部分。

ハイドロカルチャー　ハイドロボールという園芸用土に植物を植えつけて水耕栽培する方法。

培養土（ばいようど）　植物を育てるのに適するよう、数種類の土を配合した用土。

花がら摘み（はながらつみ）　咲いたあとに散らずに残った花を摘みとること。

バーミキュライト　園芸用土のひとつ。特殊な石を高温で焼いて作ったもの。土を軽くしたり保水性をよくしたりするために培養土に混ぜる。

ハンギングバスケット　壁面にかけたり、軒下などに吊るしたりして飾るコンテナのこと。

半日陰（はんひかげ）　木漏れ日が当たるくらいの明るい日陰やレースのカーテン越しくらいの光量の状態。または午前中から数時間だけ光が当たるような場所。

肥料やけ（ひりょうやけ）　肥料をやりすぎて植物を枯らしたり、勢いを弱らせたりすること。

匍匐性（ほふくせい）　地面を這うように植物が生長する性質。
マルチング　ワラ、腐葉土などで株元をおおうこと。保温や土の乾燥を防ぐために行うほか、寄せ植えなどでは、土の表面を隠すためにこけや小石などでおおうこともある。
水ごけ（みずごけ）　湿地に生えるこけを乾燥したもの。保水性が高く適度な通気性があり、保肥性もある。
元肥（もとごえ）　植物を植えるときに土に混ぜる肥料のこと。
有機質肥料（ゆうきしつひりょう）　自然界のものを原料とする肥料。油かす、骨粉、魚粉、鶏ふんなどがある。土中の微生物によって分解されてから効きめを発揮する。
ランナー　地面を這うように伸びる細い茎、つるのこと。節から芽や根を出す。オリヅルランやイチゴなどはこのランナーが伸びて生長する。
リン酸（りんさん）　植物が生長するうえで欠かせない肥料分のひとつ。花を咲かせたり、実をつけるのに特に必要とされる成分。
矮化剤（わいかざい）　植物の草丈が大きくならないようにするために与えるもの。
わき芽（わきめ）　茎の先端以外で葉のつけ根などから出る芽。

微量要素（びりょうようそ）　鉄、マンガン、ホウ素、亜鉛、モリブデン、銅、塩素をさし、植物の生育には必要な肥料成分。
ピンチ　「切り戻し」の項参照。
斑入り（ふいり）　葉や茎などに模様のようにほかの色が混じっていること。
冬越し（ふゆごし）　植物が冬の間、枯死しないで春を迎えること。
腐葉土（ふようど）　落ち葉などを長い時間かけて発酵させたもの。培養土に混ぜると通気性と水はけがよくなる。

植物名さくいん

表紙デザイン　大薮胤美（フレーズ）
本文デザイン　鳥居 満
撮影・写真協力　アルスフォト企画　池田敏夫　小倉正嗣
小須田 進　清水美智子　富屋 均
森田裕子　薮 正秀　山田朋重
㈱住化タケダ園芸　㈱東商
㈱ハイポネックス ジャパン
主婦の友社写真室（早川利道）
編集協力　えんじぇる舎（河内孝子）
石崎美和子　森田裕子
寄せ植え制作　丸山美夏　金子明人　河内孝子　中山正範
西山みどり　柳瀬 泉　吉田完深
ライオンロック　ワイルドガーデン（道上 剛）
㈱伊藤商事
扉イラスト　高沢幸子
本文イラスト　おのでらえいこ　柴田よしえ
編集デスク　安藤有公子（主婦の友社）

主婦の友新実用BOOKS

はじめての花の寄せ植え

2003年3月10日　第1刷発行
2004年2月10日　第5刷発行

編　者　主婦の友社
発行者　村松邦彦
発行所　株式会社　主婦の友社
〒101-8911 東京都千代田区神田駿河台2-9
電話（編集） 03-5280-7537
（販売） 03-5280-7551
印刷所　大日本印刷株式会社

もし、落丁、乱丁、その他不良の品がありましたら、おとりかえいたします。お買い求めの書店か、主婦の友社資材刊行課（電話03-5280-7590）へお申しいでください。

ISBN4-07-233796-X